31998

CODE

DES

SUCCESSIONS,

Ou Traité complet sur les dispositions du Code civil relatives aux successions, donations, testamens, partages, etc. avec des modèles des principaux actes, rédigés d'après les formes nouvelles.

Suivi du texte des Lois, et de l'exposé des motifs, par les orateurs du Gouvernement et du Tribunat, les CC. TREILHARD, BIGOT de PRÉAMENEU et SIMÉON.

Par Auguste FIRMIGIER - LANOIX, *Jurisconsulte, de l'Académie de Législation.*

Ire PARTIE. — SUCCESSIONS.

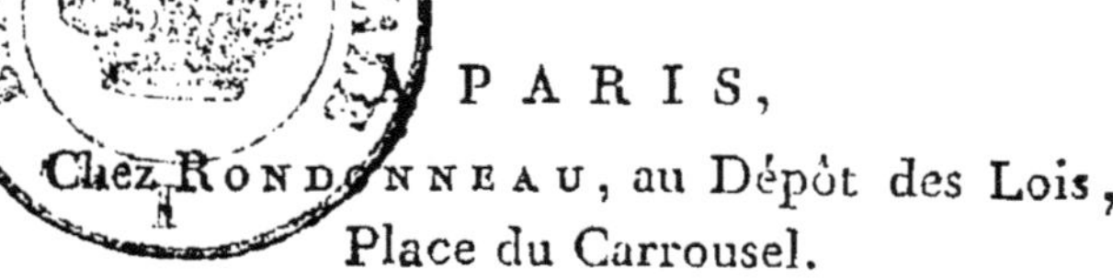

A PARIS,

Chez RONDONNEAU, au Dépôt des Lois, Place du Carrousel.

AN XI. — 1803.

AVIS DE L'AUTEUR.

Nous devons prévenir que nous avons négligé à dessein, dans les morceaux de discussion, les citations prises du Code romain , contre l'usage jusqu'à présent reçu parmi les jurisconsultes. La première raison en est que, commençant à avoir un Code à nous, il est moins utile, généralement parlant, de remonter aux sources plus éloignées ; la seconde , c'est qu'un travail sur les successions en France devant être à l'usage de l'universalité des citoyens, il est nécessaire, pour être entendu, de parler une langue familière à tous, la langue nationale.

AVANT-PROPOS
HISTORIQUE.

Aprés les deux excellens discours sur les Successions, des deux rapporteurs du Conseil d'Etat, Treilhard et Bigot-Préameneu, que nous insérons à la suite de cet ouvrage ; vouloir en présenter un troisième au lecteur ne serait-ce pas une témérité ? Ici, nous nous bornerons à un rapide historique sur les diverses périodes de la législation parmi nous, et à indiquer le plan de notre travail.

La Jurisprudence devient enfin une science positive : grâces soient rendues au Gouvernement réparateur et aux savans jurisconsultes qui viennent de donner un Code à la France ; c'est pour elle un service important, inapréciable, immense.

Jusqu'à-présent, puissans au-dedans et au - déhors, nous n'avions point eu un corps de lois civiles.

Des capitulaires de Charlemagne aux établissemens de Louis IX, il s'est écoulé 450 ans, sans qu'on retrouve quelque monument digne d'un grand Empire, et encore ces établissemens sont - ils loin d'offrir un satisfaisant et méthodique ensemble à l'observateur. Depuis cette deuxième époque, jusqu'à Charles IX, ou plutôt jusqu'à l'Hopital, nous ne voyons que la seule ordonnance de François Ier. de 1539; et des tems de l'Hopital, nous arrivons au siècle de Louis XIV, sans nous apercevoir qu'on s'occupe, avec quelque succès, d'améliorer l'état de la législation civile.

D'Aguesseau, dans la première moitié du dix - huitième siècle, a eu l'heureuse idée de faire jouir la France de lois communes et générales; mais il n'a pu la mettre à exécution que pour une seule partie, les successions.

L'absence de lois particulières à notre pays, ne pouvait qu'irriter vivement le désir de tout Français éclairé, de voir enfin, dans ces tems de philosophie et de lumières, de prospérité et de grandeur, auxquelles était parvenue la nation la plus civilisée de l'Univers, se former pour elle le grand ouvrage d'un Code complet, qui, embrassant à la fois, toutes les diverses parties de la jurisprudence criminelle et civile, offrît à l'homme fait le dépôt des maximes fondamentales de l'ordre social, et à l'élève qui cherche à s'initier dans la science des lois, une source, où il pût sans crainte puiser.

Le vice capital qui se fait le plus remarquer dans toutes les lois de la France, antérieures à 1667, c'est le mélange confus qu'elle offrent des matières politiques, religieuses, administratives et judiciaires; de manière que ce ne sont plus proprement des lois civiles, mais des sortes de grandes chartes générales, ou réglemens pour l'ordre intérieur de lÉtat. Telle est sur - tout l'ordonnance de 1539; (1) telle , celle rendue après les États de Blois, en 1579, par Henri III; (2) la

---

(1) L'ordonnance de 1539 , dite de Villers-Coterets , œuvre du chancelier Duprat , et le premier monument français en ce genre , contient des dispositions de droit , sur les donations et la rescision des contrats à l'égard des mineurs. (Un édit d'Henri II , de 1549 , a encore expliqué celui de 1539.)

Les ordonnances de 1560 et 1566 , d'Orléans et de Moulins , ouvrages de l'illustre chancelier de l'Hopital , établissent quelques principes sur les substitutions , et la dernière , sur la preuve par témoins ; mais , en général , ces trois ordonnances roulent sur l'administration de la justice , (et ont été , sous ce rapport , avantageusement remplacées par celle de 1667 ,) ou bien elles ont, pour objet l'administration intérieure de l'État.

(2) L'ordonnance de Blois , confirmée en ce point par celle de Louis XIII , de 1639, avait réglé les principales formalités pour les mariages , et porté la peine capitale contre le crime

plupart des lois des capitulaires présentent la même modification.

Un petit nombre d'ordonnances royales, comme isolées et jetées de loin en loin, sans vues liées entr'elles, n'auraient pû suffire aux besoins de la justice et des citoyens. Heureusement, au commencement du douzième siècle, (vers 1127) le Code de Justinien, découvert à Ravennes, s'était bientôt répandu partout et était devenu un supplément essentiel à la jurisprudence de la plupart des nations de l'Europe.

La France, il est vrai, a eu de plus de nombreuses coutumes, comme nous le verrons plus loin, rédigées en latin pour les provinces du Midi, vers la fin du treizième et dans le cours du quatorzième siècles ; et, en langue vulgaire pour les provinces de l'Est et du Nord, la plupart sous Charles VIII, et

---

de rapt ; mais ces deux lois ressemblent plus à des lois criminelles qu'à des réglemens civils et positifs.

ensuite sous François Ier. et ses successeurs. (1)

Une chose bien remarquable même à l'égard de ces statuts locaux, et tout à la fois propre à nous donner l'idée de l'attachement que leur portaient les peuples, c'est l'exemple de Charles IV, qui, dans un règne de si peu d'années, fit des défenses expresses d'alléguer les lois romaines contre la coutume, quoiqu'il y eut déjà deux cents ans que les premières avaient été apportées d'Italie.

Depuis, il s'établit un ordre particulier qui, consolidé avec le tems, s'est soutenu, pour ainsi dire, par la seule force de l'habitude ; je veux parler de la division de la France en pays dit de *droit écrit*, et en pays dit *coutumier*. Il y avait donc deux jurisprudences particulières dans l'état, ou plutôt il n'y en avait pas une de bien fixe et de bien déterminée :

---

(1) Depuis 1518 jusqu'à la fin du XVIe. siècle.

ici, c'était la loi de nos anciens conqué-
rans qu'on exécutait; là, c'étaient les
coutumes des divers peuples du Nord,
venus s'établir, dans les plus belles provinces de France, du quatrième au neu-
vième siècle.

Mais cet ordre de choses, lui-même,
nous dira-t-on, prouve peut-être, la sagesse et l'excellence des lois romaines,
puisque, durant 600 ans, l'autorité a cru
s'en pouvoir rapporter à leur décision,
et les laisser s'exécuter comme droit public et positif.

Il prouve bien plutôt notre insou-
ciance, ou si l'on veut, l'incurie et l'indifférence des chanceliers qui, sans en
avoir les talens, ont occupé la place des
l'Hopital, et des d'Aguesseau.

Ne sait-on pas, en effet, que les
institutions tiennent aux localités, aux
mœurs, aux besoins des peuples pour
lesquels elles furent créées, et que,
même, elles sont d'autant meilleures
qu'elles semblent en quelque sorte

inhérentes aux sociétés qui les possedent.

On doit, avec Montesquieu, dire, en thèse générale, ce que le citoyen Portalis a dit pour une circonstance particulière : « Il est des considérations qui naissent de » la situation du pays que l'on gouverne, » et qu'aucun législateur ne peut raison- » nablement méconnaître. » (*Disc. sur les mariages.*)

Quelle que fût la sagesse des lois de Solon, de Lycurgue et de certains autres legislateurs Grecs ; les Romains ne les transportèrent point entières dans leur patrie ; ils les traduisirent, les coordonnèrent et en formèrent cette loi célèbre des douze Tables, (1) qui, pendant plus de quatre siècles, a régi le premier peuple du monde.

____

(1) Les lois chez les Grecs et chez les premiers Romains, comme chacun sait, étaient écrites sur des tables de cuivre ou de marbre,

Autant il y avait eu de raison dans cette conduite des Romains, autant il y en avait peu à vouloir imposer au peuple français 40,000 lois romaines, écrites dans une langue qui lui est étrangère, et dont les unes, nécessairement, corrigent, modifient ou rétractent les autres; car des lois en une si prodigieuse quantité, émises dans l'espace de 960 ans, (1) ne peuvent être en parfaite harmonie entr'elles. Du moins, il eût fallu songer à les traduire ces lois; à en faire un corps de doctrine que tout homme eût pu étudier, consulter à chaque heure, pour les appliquer à régler ses actions

---

et exposées ainsi aux regards des citoyens dans les temples, à la citadelle, ou près de la tribune aux harangues. De-là le nom des douze Tables.

(1) Depuis la rédaction de la loi des douze Tables, vers l'an 300 de Rome, jusqu'à la première publication du Code de Justinien, en l'an 529 de l'ère chrétienne.

journalières. Autrement, nous retombons dans un épouvantable cahos, dans un abîme sans fond : on exige des citoyens obéissance à des lois qu'ils n'ont jamais lues, qu'ils ne sauraient jamais lire, à des lois, à peine entendues de deux ou trois interprètes par département judiciaire.

Aussi qu'est-il arrivé ? — ce que les rois n'ont point fait, de simples particuliers ont eu le courage et les forces de l'exécuter. *Domat* et *Pothier*, noms désormais consacrés par les respects et la reconnaissance, ont publié chacun un Code ; et, ce qui paraîtra peut être bien extraordinaire à nos neveux, deux hommes, dépouillés de tout pouvoir, dans une monarchie absolue, sont parvenus par le seul ascendant, ascendant irrésistible il est vrai, de la raison et du génie, à donner des lois au peuple français ; car n'est-ce pas donner des lois à un peuple que de recueillir ce qu'il y a de plus raisonnable dans le Code des peuples anciens, d'en séparer ce qui peut s'adapter aux usages de celui pour qui l'on écrit; d'offrir enfin des régles sûres où il n'y en a point, de faire succéder l'ordre à l'anarchie ? si dans les longs calmes on aperçoit moins cette influence heureuse, qu'exerce souvent la sagesse d'un seul homme dans un empire, en y réfléchissant davantage, sur-tout après une grande oscillation politique, on voit qu'elle est immense.

Domat s'était occupé de faire un triage heureux, un choix de lois, *delectus legum*, le plus conformes à nos usages, à nos besoins ; le bienfait eût été complet, s'il avait pris la peine de les traduire ; mais, à cette époque, l'on pensait que la jurisprudence, à l'instar des mystères des anciens , devait avoir ses initiés et sa langue particulière ; (1) et ce fut peut

---

(1) Ce n'était pas seulement la jurisprudence, qu'on professait en latin dans tout l'Occident ;

être un grand effort pour ce juris-consulte célèbre que de se résoudre à écrire en français au dix-septième siècle. Enfin la raison l'emporta, et son livre a été, jusqu'au moment où nous vivons, le plus fini et le plus beau de nos ouvrages en ce genre.

---

mais encore, la philosophie, la médecine, la théologie, la rhétorique, etc.; la raison en est que nos pères ayant puisé les premières notions de toutes les sciences dans les livres grecs ou latins, ils s'accordèrent généralement à se servir de la langue des Romains dans les écoles. Cette marche pouvait avoir ses avantages pour les sciences purement spéculatives, en ce qu'elle en éloignait la foule, et en ce qu'elle n'exigeait de la part de l'élève, de quelque pays qu'il fût, que l'étude d'une seule langue pour être entendu dans toute l'Europe; mais, pour la jurisprudence, appliquée à chaque État en particulier, il devait en être autrement. Comment une langue qui n'était plus celle d'aucun peuple actuel de la terre, aurait-elle pu se maintenir dans sa pureté originelle? Il était facile de prévoir ce qui allait arriver, par l'exemple même du Bas-Empire,

Pothier a fait pour le nord de la France ce que Domat avait fait pour le midi ; il a savamment analysé et commenté les coutumes, comme son prédécesseur avait analysé les lois romaines ; il a développé l'esprit des premieres ; il a de plus composé *ex professo* l'excellent Traité des Obligations, que tout le monde connaît, Traité qui fera loi, tant que nous n'en aurons pas de plus positive.

Avec les livres des deux grands hommes, il semblait donc que rien ne dût plus manquer à la France ; mais

---

Ausssi, la langue des écoles, à la renaissance des lettres, n'avait-elle plus de celle de Cicéron que le nom et les désinences. Bientôt, elle offrit autant de dialectes qu'en eût jamais offert la Grèce, autant que de grands États. On se rappelle le mot burlesque dont se servait le *Parlement de Paris*, pour exprimer nous *déboutons*, mot qui rapporté à François Ier. le décida, a ordonner que tous les actes seraient désormais prononcés et écrits en français. (Ordonnance de 1539.)

il leur manquait , à ces deux livres; une chose essentielle, pour qu'ils pussent produire tout l'effet desiré , la sanction de l'autorité, et d'une autorité absolue , (nous expliquerons tout à l'heure ce mot) : ils n'avaient obtenu que celle de la raison; et les magistrats, impunément, pouvaient à leur gré s'en écarter ou les suivre (1) : ainsi le mal n'était que pallié.

Eh d'ailleurs, à quoi servaient les traités et les livres? N'existait-il pas douze parlemens qui avaient chacun leur jurisprudence à part , leurs coutumes, leurs préjugés et leurs priviléges? Douze parlemens qui enrégistraient ou n'enrégistraient point les édits du prince. Comment

____

(1) Le grand nombre d'arrêts contradictoires rendus, quelquefois dans le même parlement , depuis la publication même du livre de Domat , autant que la hardiesse et l'opiniâtreté des plaideurs, sur des questions déjà jugées, prouve cette vérité sans réplique.

espérer dans cet état de choses, de parvenir jamais, à voir régner des lois fixes et générales, des principes sûrs et constans.

Ce n'est pas assez :

Plus de soixante grandes coutumes, sans parler des coutumes locales, régissaient Paris, les vastes provinces de Normandie, de Flandre, d'Artois, de Bretagne; l'Anjou, le Maine, l'Auvergne, (en partie), le Bourbonnais, le Dauphiné, c'est-à-dire, la plus belle portion de la France. Ces coutumes, effrayantes pour leur nombre, ne le sont pas moins par leur diversité, par l'obscurité, l'embaras et les bisarreries qu'elles présentent : rédigées pour la plupart dans un tems d'anarchie féodale et politique, à une époque où la langue était loin d'être fixée, souvent même dans le patois de la province, toujours du moins chargées de mots locaux, d'idiotismes, inintelligibles pour tout homme étranger au pays qui les a vu naître; tout, comme on voit, devait concourir à augmenter le désordre et les procés. La coutume s'expliquait-elle sur un point, elle était *muette* sur un autre. Alors, il fallait recourir aux coutumes voisines, puis à celle de Paris, qui affectait toujours une sorte de suprématie et la méritait à certains égards ; enfin, si tant de recherches étaient vaines, si tant d'efforts venaient se briser contre un passage obscur ou incohérent, il fallait ouvrir le digeste, le Code et les commentateurs. Assurément, il n'est pas un homme de sens droit, un honnête père de famille, qui ne frémisse encore aujourd'hui des sinuosités sans fin d'un pareil Méandre et qui ne se sente soulagé d'un poids énorme, en songeant qu'un ordre certain et des lois positives ont enfin succédé à une aussi effroyable confusion.

Qu'il me soit permis , à l'appui de ce que je viens de dire, de prendre un faible exemple sur la diversité des coutumes, dans la catégorie des successions , objet si important pour tous , et qui, ici, nous occupe spécialement.

Certaines coutumes rejetaient , d'une manière absolue , le droit de représentation ; d'autres l'admettaient en ligne directe. Quelques - unes admettaient la représentation à l'infini dans les deux lignes ; quelques autres ne l'admetaient que pour certaines personnes et pour certains biens. Celle de Paris autorisait la représentation en collatérale, suivant les dispositions du droit romain. Enfin , une cinquième classe de coutumes, par cette raison appelées *muettes* , ne s'expliquaient point sur cet objet. Semblable diversité , avec des variations infinies, sur ce qu'on appele en droit le *double lien* , sur les substitutions , la légitime , etc. , etc. La raison de la coexistance de tant de coutumes diverses dans le même Empire , est connue de tout le monde, la France s'est accrue de siècle en siècle, jusqu'à l'avant dernier Louis (1) , et, à

______

(1) Bar et la Lorraine réunis en 1766.

chaque réunion de province, c'était presqu'un usage reçu, que de lui laisser, comme une sorte de dédommagement pour le joug nonveau qu'elle allait subir, la jouissance de ses *us* et coutumes. C'est-là ce qu'on appelait *immunités* de la province.

Il serait trop pénible sans doute de se traîner plus long-tems sur des abus réparés ; il faut aussi savoir se complaire dans notre situation actuelle.

Après trois siècles de lumières, la révolution est arrivée : la première de nos assemblées nationales, qui, avec une si belle réunion de talens, avait le pouvoir et la tâche de réaliser tant de grandes espérances, cette assemblée, qu'une délicatesse exaltée, mais digne d'elle, porta trop tôt à abandonner le timon, n'eut pas le tems nécessaire à la confection des divers codes. Elle se contenta de réformer l'administration de la justice : l'ordre dans les matières criminelles lui parut avec raison plus pressant encore que les lois civiles, elle fit un Code criminel, un Code rural; et, si elle ne rédiga pas le code civil, elle nous donna la belle institution du jury, celle des juges de paix; elle fit asseoir dans les tribunaux des magistrats pris dans toutes les classes des citoyens. Tant de bienfaits inapréciables, tant d'heureuses institutions, de conceptions grandes et généreuses, rappelleront à jamais cette époque brillante de notre histoire, au souvenir de tous les Français, au souvenir de la postérité.

La seconde assemblée ne fit, pour ainsi dire, que passer, et ne songea ni ne pût songer à la rédaction du code.

Plus tard, la convention voulut s'occuper de répondre à la longue attente des citoyens; le président de son comité de législation (1) lui présenta un projet; mais le moyen de décréter un code dans une assemblée tumultueuse, composée d'é-

-----

(1) Le citoyen Cambacérès, Consul.

lémens opposés! D'autres idées remplis-
saient les législateurs: on se contenta
d'arrêter quelques articles préliminaires.

Il n'a pas fallu moins de dix ans, pour
retrouver le moment opportun; pour
que les premiers loisirs de la paix pussent
permettre de songer enfin à régler les
intérêts privés de tous les membres de
la grande famille française.

Honneur à l'illustre chef du Gouvernement, qui a renouvelé parmi nous
l'exemple des Justinien et des Frédéric.
Cette gloire a bien aussi son prix.

Le corps de notre jurisprudence, tel
qu'il nous est offert aujourd'hui, ou tel
qu'en peu de tems il devra l'être, outre
sa valeur qu'on pourrait dire intrin-
sèque, a pour les jurisconsultes actuels, et
surtout pour les jeunes sujets qui se des-
tinent à la magistrature et au barreau,
le très-précieux avantage de n'admettre
point de commentaires.

Ceux-ci, en effet, ne naissent que des
difficultés et des doutes, qui se multi-

plient par la diversité infinie des affaires ,
à mesure que l'on s'éloigne de l'époque
où la loi écrite , découlant en général
du droit naturel , a été offerte aux respects des citoyens

Qu'on me passe une comparaison :

La loi ressemble assez au dessin que
trace l'ingénieur pour l'exécution d'un
canal ou la direction d'une rivière. D'a-
bord, tout à été combiné , prévu : les
plans ont été rigoureusement levés, les
résistances calculées ; mais une veine
de rocher, un lac souterrain se sont ren-
rencontré à une certaine profondeur;
et l'artiste, qui n'avait pu présumer ces
obstacles , est bientôt appelé à proposer
de nouveaux moyens de les vaincre.
Voilà le devoir du législateur et la source
des lois interprétatives : ce premier travail exécuté, si des causes d'une autre
nature, comme un débordement ou un
torrent , viennent encombrer le lit nouveau du fleuve et en embarrasser la marche , les riverains chercheront naturel-

lement à lui rendre un libre cours, en le dégageant de ses entraves : ici, c'est le travail des commentateurs, mais qui, presque toujours fait sans ensemble et sans dessein régulier, est souveut plus nuisible qu'utile.

Heureusement, comme nous le disions plus haut, nous nous trouvons placés au premier jet du travail, et nous sommes sauvés de tous les ambages qui pourront naître par la suite.

On concevra, d'après ce peu de mots, que notre intention n'a pas été d'offrir un commentaire au public, il en aura sans doute assez.

Nous avons voulu seulement présenter un traité spécial, et complet autant que nos forces nous l'ont pu permettre, sur le livre du code qui a pour objet les successions.

Le travail concis et serré que nous livrons au public, est destiné tout ensemble, à éclairer le simple citoyen sur ses droits et le réglement de ses intérêts

les

les plus chers ; à développer, à fixer l'opinion du défenseur au barreau, comme celle du jurisconsulte dans le cabinet ; le magistrat lui-même, avec toutes les lumières qui lui ont mérité la place qu'il occupe; le magistrat, dans ses doutes, et qui n'en a pas? peut vouloir quelques fois chercher à les éclaircir, à rassurer sa conscience. Les fonctions qu'il exerce sont si pénibles et si importantes, qu'il doit s'estimer heureux d'en pouvoir un instant alléger le poids.

Il faut bien se le rappeler ; ce n'est pas notre propre fonds, en quelque sorte , que nous exploitons. Avec le marbre déjà poli par d'habiles artistes, nous élevons un simple édifice auprès d'un monument superbe. Certains de la solidité des matériaux que nous allons employer , nous pouvons , être plus rassurés sur l'exécution de notre travail; et publier sans crainte que s'il présente quelqu'irrégularité, quelqu'imperfection, elles ne seront que dans le plan et dans la forme extérieure, objets sur lesquels nous appelons toute l'indulgence des lecteurs.

Principales choses à considérer dans la rédaction d'un Code des successions.

Dans l'état le plus près de nature, les lois sur les successions sont à peu-près inutiles; on ne connaît que la propriété mobilière. A la mort du chef de la famille, les enfans se partagent l'arc et les rets, et tout est terminé.

Il en est autrement parmi nous, où les propriétés mobilières, si ce n'est dans les très-grandes villes, sont fort au-dessous des possessions immobilières. Dans un pareil ordre de choses, l'on peut dire que les lois sur les successions sont de première nécessité. Après la personne, en effet, ce qu'il y a de plus important dans l'état d'association, c'est la propriété. Aussi, si nous en exceptons un très-petit nombre

de circonstances, où l'on voit les passions
haineuses entraîner les hommes à se traduire réciproquement devant les tribunaux, toutes les instances judiciaires ont
elles pour cause la propriété et l'u-
sage des biens. L'un des premiers devoirs
du législateur, donc, est de s'attacher à
régler les modes de leur transmission, à
prévoir, autant que possible, par des lois
claires et précises, toutes les circonstances
et toutes les difficultés ; afin que les changemens nécessaires qui s'opèrent à chaque instant dans le monde physique, se
fassent paisiblement et sans secousse,
afin que les enfans prennent la place
de leurs parens décédés, le plus promptement et à moins de frais possible.

La puissance et le bonheur de l'association, augmentent en raison directe
de cette facilité de transmission et de
remplacement ; ils diminuent de même,
en raison de la complication dans les
affaires, et des discussions prolongées
dans les familles.

Deux choses principales sont à considérer dans les successions, *l'époque de l'ouverture*, *la qualité des successibles.*

De ces deux points, découlent nécessairement plusieurs autres circonstances à examiner: par exemple, l'ouverture de la succession constatée, il faut déterminer la nature ou plutôt la classe de cette succession; est-elle en ligne directe ou en ligne collatérale? Est-elle de nature à remonter ou à descendre? S'agit-il de la succession de personnes dont la loi reconnaît *l'état, aut non?*

Ensuite vient une question à part et tout-à-fait importante: le défunt a-t-il, autant qu'il en avait le pouvoir, déterminé l'ordre de ses héritiers? ou bien, sa succession se règle-t-elle toute entière par la loi? Enfin, se présente l'examen de cette faculté, ordinairement limitée, qu'accorde la loi au propriétaire, de disposer de ses biens, d'établir un ordre de succession après lui. Cet examen forme un titre particulier, dans lequel sont exposées les conditions requises par le législateur pour disposer, soit dans la personne, soit dans les choses ; la quotité des biens disponibles, la qualité des appelés, leurs obligations, les formes de la disposition.

Les bornes étroites d'un discours ne permettent pas d'analyser ici les dispositions textuelles du Code nouveau : tout le corps de cet ouvrage est destiné exclusivement à les développer. Il suffira maintenant de dire, que le législateur a introduit deux sortes de successions étrangères à nos usages : celles des adoptés et celles des enfans naturels reconnus ; qu'il a limité la faculté de tester, de manière à concilier tous les intérêts de la famille, de la morale et de la société ; qu'il a pris toutes les mesures pour assurer aux ascendans une subsistance que tout semble devoir leur accorder sur les biens de leurs enfans prédécédés.

Lss formes enfin, et ce point n'est pas à négliger, les formes des actes de dernière volonté sont simplifiées et mises à la portée du grand nombre. Ainsi, les familles n'auront plus à redouter qu'un seul mot omis ou déplacé, entraîne une irréparable ruine. Et toute cette vaste République est régie par les mêmes lois ; et tous les citoyens obéissent au même pouvoir !

Les bonnes lois engendrent les bonnes mœurs ; celles-ci sont la source du patriotisme pur, des vertus publiques et privées, de la prospérité des nations. Félicitons nous d'avoir vu éclore de bonnes lois, et bénissons en les auteurs !

La Table qui suit indiquera le plan de l'ouvrage.

TABLE DES MATIÈRES

Contenues dans le Code des Successions, première partie.

CHAPITRE PREMIER.

CHAPITRE II.

CHAPITRE III.

Acceptation et répudiation des Successions,   48.

CHAPITRE IV.

Fin de la Table.

DES SUCCESSIONS.

PROLÉGOMÈNES.

Aᴘʀᴇ̀s avoir joui quelques jours de la vie, et des biens qui nous la rendaient chère, nous les abandonnons sans retour : toutes nos relations avec le monde et avec la famille, relations plus ou moins douces, plus ou moins intimes, selon les goûts, les caractères et les habitudes, sont anéanties en un jour. Cet adieu éternel à tout ce qui respire autour de nous, à tout ce qui tient à nous par des rapports plus ou moins forts, il faut se résoudre à le faire, le plus souvent sans avoir prévu l'époque où il sera exigé. Alors la société, attentive à remplir promptement les vides que laisse chacun de ses membres à mesure qu'il disparaît, après avoir pourvu à ce que la non-existence de celui

qui a cessé d'être soit constatée d'une manière positive, se transporte, pour ainsi
dire, sur le seuil de sa demeure; elle considère le nombre des enfans ou celui des
autres parens qui l'ont entouré à ses derniers momens; commence par s'assurer
qu'il n'existe pas de volonté écrite de la
part du défunt, et distribue à chacun,
selon le rang et l'ordre de la proximité, la
quotité de biens qui lui est dévolue par
la loi; ensuite, elle trace à tous les règles
qu'ils doivent observer entr'eux, et les
obligations qu'ils ont à remplir envers les
créanciers de celui qu'ils représentent. Ce
partage fait, les membres de la famille qui
vient de se dissoudre, destinés désormais
à former des familles nouvelles, vont se
disperser bientôt avec les portions d'héritage qui leur restent.

Ce que nous avons vu se passer dans
le cas où le défunt a été surpris par la
mort, sans avoir manifesté sa volonté sur
la distribution ultérieure de son patrimoine, n'est plus ce qui devra avoir lieu,
dans le cas où cette volonté a été manifestée.

La loi a jugé trop rigoureuse la privation entière de la faculté de disposer d'une partie de ses biens : cette faculté, moins étendue que chez les Romains , laisse cependant une assez grande latitude au chef de la famille, pour dispenser, autour de lui, selon qu'il les croit méritées, les privations et les récompenses. Tant qu'il n'a pas dépassé les bornes qui lui sont assignées, sa volonté fait loi, comme chez les premiers : *voluntas testatoris lex esto.*

Il ne reste plus alors qu'à exécuter cette volonté écrite, pourvu qu'elle ait été manifestée dans les formes exigées.

Toute la théorie des successions se trouve exposée dans ce peu de mots ; mais, comme toutes les théories possibles, celle-ci serait loin de suffire à donner des idées positives sur la marche à suivre dans la distribution des biens, après la mort des possesseurs.

En jurisprudence, plus que dans aucune autre partie des sciences, peut-être, si ce n'est dans la mécanique, tout est détails; et ces détails, semblables aux rouages nombreux d'une grande machine, se rattachent tellement les uns aux autres, que si un seul est omis dans la plus simple application, l'opération devient impraticable; avec ce désavantage de plus que dans la mécanique, que, non-seulement la marche est arrêtée, mais que la justice n'est pas rendue.

Cet ouvrage tout entier est destiné à développer les principes sur lesquels doivent rouler les opérations compliquées qui suivent l'ouverture des successions.

LIVRE PREMIER.

CHAPITRE PREMIER.

RÈGLES GÉNÉRALES
A TOUTES LES SUCCESSIONS.

Ouverture des successions.

1. L'OUVERTURE de la succession a lieu par la mort naturelle ou par la mort civile. *(art. 8, loi du 29 germinal, liv. 3 au code.)* Ainsi, pour s'assurer de l'époque précise de l'ouverture d'une succession par la voie naturelle, il faut avoir recours à l'acte de décès que doit dresser l'officier de l'état civil, et qui doit contenir les nom , âge, profession et domicile de la personne décédée, et l'époque précise de la mort. *(art. 78, 79, loi des act. de l'état civil, liv. 1ᵉʳ. au code.)*

Pour s'assurer de l'ouverture de la succession arrivée par l'effet de la mort civile, il faut avoir recours au jugement de condamnation prononcé contre le coupable, en observant que la

mort civile, dans le cas de condamnation con-
tradictoire, ne compte que du jour de l'exécution
des condamnations, soit réelles, soit par effigie; *(art. 26, loi de la jouiss. et priv.
des droits civils, liv. 1er. au code.)* tandis
que la mort civile, résultante de condamnation
par contumace, ne compte que du jour qui
suivra les cinq années révolues, depuis l'exécution du jugement par effigie. *(art. 27, loi ib.
au c.)*

2. L'époque précise de l'ouverture de la succession d'une personne, considérée isolément,
se trouvant ainsi irrévocablement déterminée,
dans l'une des deux hypothèses nécessaires de
la mort naturelle ou de la mort civile, il ne
reste plus qu'à déterminer l'époque de l'ouverture du droit des héritiers, ou, ce qui est la
même chose, celle du décès de plusieurs individus morts ensemble victimes d'un évènement
imprévu, et respectivement appelés à la succession les uns des autres. Dans l'impossibilité
absolue où l'on doit se trouver souvent de décider avec certitude lequel a succombé le premier, la loi, d'après les probabilités ordinaires,
a déterminé dans quel ordre les décès seraient
censés avoir eu lieu.

Si ceux qui ont péri ensemble avaient moins de quinze ans, le plus âgé sera présumé avoir survécu; au-dessus de soixante ans, ce sera le moins âgé. Si les uns avaient moins de quinze et les autres plus de soixante, les premiers seront présumés avoir survécu.

Si ceux qui ont péri avaient quinze ans accomplis, et moins de soixante, le mâle, à égalité d'âge, est présumé avoir survécu, si la différence n'excède pas une année. S'ils étaient du même sexe, le plus jeune est présumé avoir survécu au plus âgé. (*art.* 11 *et* 12, *l. des successions, liv.* 3. *au c.*)

3. Tous les cas possibles à l'égard des ouvertures de successions étant prévus, il ne doit plus rester aucun embarras à ce sujet. Il est inutile de dire que, dans les circonstances accidentelles d'une mort, commune à plusieurs individus, il sera indispensable de se procurer les actes de naissance des personnes décédées, afin de pouvoir constater d'une manière positive l'âge de chacun.

4. Aujourd'hui, les héritiers légitimes sont saisis, de *plein droit*, des biens et actions du défunt; les enfans naturels seuls, l'époux sur-

vivant, et la république, à défaut d'héritiers, *doivent* se faire envoyer en possession par justice. (*art.* 14 *l. des suc. liv.* 5. *au c.*)

Division générale des successions.

5. L'ouverture de la succession, une fois constatée, il faut en déterminer la nature ou la classe. Les trois principales sont les suivantes :

Successions déférées aux descendans, que nous appellerons successions *descendantes ;*

Successions déférées aux ascendans ; que nous appellerons successions *ascendantes ;*

Successions *collatérales.*

Après ces trois classes de successions principales, viennent celles qui ont reçu, de la bouche même des législateurs, le nom de successions *irrégulieres*, déférées aux enfans naturels, au conjoint survivant, ou à la république.

Nous allons suivre successivement chacune de ces quatre grandes classes de successions.

RÈGLES PARTICULIÈRES

AUX SUCCESSIONS LIBRES OU *INTESTAT.*

Successions descendantes.

6. La succession de toute personne laissant à son décès des enfans, ou descendans d'eux, est essentiellement déferée à ses descendans, à l'exclusion des ascendans et de tous les collatéraux. (*art.* 35, *l. du 29 ger.*) Les enfans ou leurs descendans succèdent à leurs père, mère, aïeuls, aïeules ou autres ascendans sans distinction de sexe ni de primogéniture, encore qu'ils soient issus de différens mariages. Ils succèdent par égales portions et par tête, pour les successions *ab intestat*, lorsqu'ils sont tous au premier degré et appelés de leur chef ; par souche, lorsqu'ils viennent tous ou en partie par représentation. (*art.* 35, *l. ib.* V. le n°. 25.)

Ainsi, Jacob meurt, laissant Pierre, son premier fils, et Jérôme, fils de Jacques, frère de Pierre. Pierre succède par tête concurremment avec Jérôme, aux biens de Jacob, auteur commun ; le premier *directement*, le second par *représentation.* Si, au lieu de Jérôme, nous supposons Paul et Virginie, ses enfans, ceux-ci prendront part à la succession de Jacob, auteur commun, concurremment avec Pierre leur grand-oncle, en leur qualité de représentans de Jérôme leur aïeul, frère de Pierre, *sans égard à leur nombre.*

Ce mode de représentation, introduit par toute la France depuis la loi du 17 nivose an 2, n'offre aucune difficulté dans la pratique.

7. Les enfans ou héritiers directs descendans n'ayant jamais à redouter le concours des ascendans ou collatéraux, les successions de cette première classe sont celles qui embarrasseront le moins, sur-tout lorsqu'il n'existera ni disposition de la part des auteurs, ni rapports à faire de la part de quelques-uns des successibles.

On voit que nous nous bornons ici à la catégorie des successions descendantes, non réglées par disposition : le 2ᵉ. liv. de cet ouvrage étant exclusivement consacré aux successions de ceux qui auront usé de la faculté légale de disposer d'une partie de leurs biens.

Successions ascendantes.

8. Les successions ascendantes sont celles des personnes qui, ayant prédécédé leurs ascendans, n'ont laissé ni postérité, ni frère, ni sœur, ni descendans d'eux. (*art.* 36, *l. du* 29 *germ.*, *liv.* 3, *au c.*)

Les droits des ascendans étant toujours certains, comme leur état par rapport à leurs descendans, aucune difficulté ne peut s'élever sur leur qualité et leur habileté à succéder, dans les cas déterminés par la loi. Une seule circonstance peut rendre leurs droits douteux : celle de l'absence de quelques-uns des héritiers qui viendraient en concurrence avec eux, ou même à leur exclusion ; deux cas peuvent se présenter dans l'hypothèse de l'absence, le successible est *présumé* ou *déclaré* absent. Il est présumé absent, lorsqu'il a cessé de paraître au lieu de son domicile ou de sa résidence, et que depuis quatre ans on n'en a point eu de nouvelles. (*art.* 115 , *loi des absens*, *liv.* 1 , *au code.*)

Il est *déclaré* absent par le jugement du tribunal de première instance, rendu un an après celui qui a ordonné l'enquête, c'est-à-dire, la cinquième année après la disparition sans nou-velles. (*art.* 119 *ib.*)

Les ascendans se font renvoyer en possession provisoire pour la portion qui revenait à l'absent, en vertu du jugement définitif qui a déclaré l'absence, en donnant caution pour la sûreté de leur administration. (*art.* 120 *ib.*) Après trente ans, à compter de l'envoi provisoire en possession, les ascendans successibles sont *définitivement* propriétaires, sauf les exceptions portées en l'article 130 de la loi sur les absens, c'est-à-dire, au cas où le jour du décès du successible absent vient à se découvrir par la suite.

9. Les règles tracées pour les successibles absens, en concurrence avec les ascendans, s'étendent aussi au cas de concurrence avec les descendans, comme nous le verrons plus loin; avec cette différence que, dans les successions déférées aux descendans, l'absent peut toujours être représenté par ses enfans ou petits-enfans; tandis que dans celles qui compétent aux ascendans, la représentation de l'absent s'arrête aux descendans des frères et sœurs du défunt inclusivement, (*art.* 56 , *l. des succes. liv.* 3, *au c.*) les ascendans succédant exclusivement aux parens plus éloignés.

.Cette digression sur la détermination des suc·cessibles dans les biens dévolus aux ascendans, ne paraîtra pas déplacée ici, quoiqu'un titre à part soit destiné à établir la qualité des successibles en général ; dans l'hypothèse que nous avons posée, en effet, il est moins question de la qualité que de la déterminaison des personnes.

Successions collatérales.

10. Les successions collatérales sont celles des personnes mortes sans postérité.

11. Les successions de cette classe sont dévolues aux frères et sœurs, ou à leurs descendans, exclusivement aux ascendans et aux autres collatéraux, au cas du prédécès des père et mère.

Dans le cas de la co-existence des père et mère et des frères, sœurs ou descendans d'eux, les uns et les autres sont appelés concurremment; mais la succession ne cesse pas d'être collatérale, ou plutôt elle peut être appelée *mixte*, c'est-à-dire mi-ascendante et mi-collatérale.

12. Les collatéraux au delà du douzième degré ne succèdent plus. (*art.* 45 , *l. des suc. au c.*)

Si ce défaut de parens au degré successible se rencontre dans l'une et l'autre ligne, la succession passe dans un autre ordre et est dévolue, soit au conjoint survivant, non divorcé, soit à la république. *(art. 57 et 58 ib.)*.

13. Ici, nous placerons les principales règles à suivre pour calculer les degrés, d'après la loi actuelle ; et, pour plus de facilité, nous joindrons deux tableaux où ils se trouvent établis jusqu'au troisième en ligne directe, et jusqu'au sixième en ligne collatérale : on pourra facilement suppléer les autres.

La proximité de parenté s'établit par le nombre des générations ; chaque génération s'appelle *un degré.* *(art. 25, l. au c.)* La suite des *degrés* entre personnes qui descendent l'une de l'autre, forme la ligne *directe.*

La suite des degrés entre personnes qui ne descendent pas les unes des autres, mais qui *descendent* d'un auteur *commun,* forme la ligne *collatérale.*

En ligne directe, on compte autant de degrés qu'il y a de générations : ainsi, le fils est, à l'égard du père, au *premier* degré ; le petit-fils, au *second,* etc.

Et, réciproquement, le père et l'aïeul forment les *second* et *troisieme* degrés par rapport au fils ; car les degrés se comptent en rémontant comme en descendant, toujours d'après le même principe. (V. le premier tableau.)

En ligne collatérale, les degrés se comptent par les générations, depuis l'un des parens, jusques et non compris l'auteur commun, et depuis celui-ci jusqu'à l'autre parent. Deux frères sont au *deuxieme* degré ; l'oncle et le neveu, au *troisieme* ; deux cousins germains, au *quatrieme*, et ainsi de suite. (V. le 2e tableau.) *Art. 26, 27, 28, l. des succes. au c.*

Degrés en ligne directe.

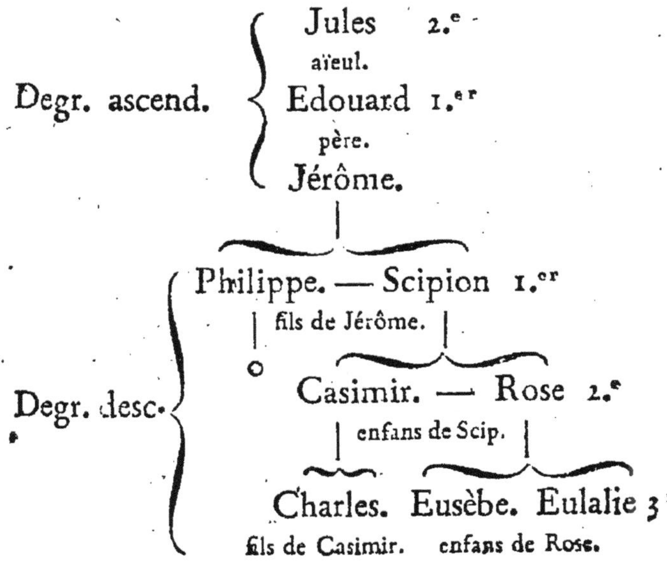

Jules est au 2.ᵉ degré de Jérôme son petit-fils ; Charles est au 3.ᵉ degré du même Jérôme son bisaïeul ; au 2.ᵉ de Scipion son aïeul ; au 1.ᵉʳ de Casimir son père.

Degrés en ligne collatérale.

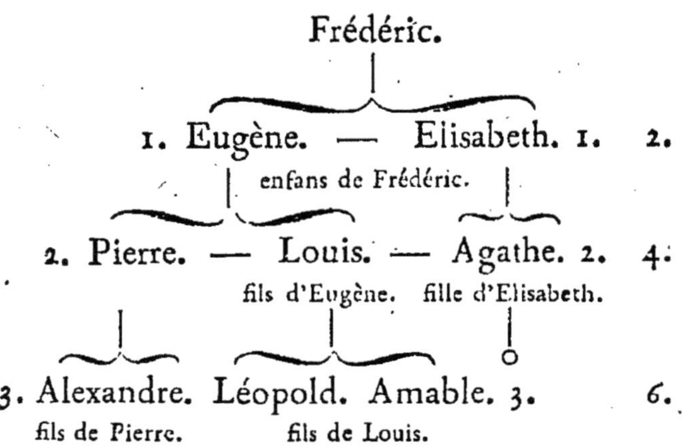

D'Eugène à Frédéric, *un* degré ; de Frédéric à Elisabeth, *un* degré ; d'Eugène à Elisabeth sa sœur, *deux* degrés ; de Pierre à Frédéric, *deux* degrés, de Frédéric à Elisabeth, *un* degré ; de Pierre à Elisabeth sa tante, *trois* degrés, et ainsi, en poursuivaut jusqu'à l'épuisement des degrés.

SUCCESSIONS DES ADOPTÉS.

Quelques idées préliminaires sur l'adoption.

Il est un mode neuf de successions, introduit en France par le code : celui des successions des adoptés, jusqu'à présent inconnu dans nos lois.

L'adoption paraît avoir eu lieu chez quelques peuples de l'orient; mais nous n'en connaissons ni le mode, ni les effets. Nous ne connaissons parfaitement ces règles que chez les Romains. Là, l'adopté, *adrogatus*, sortait de sa famille et acquérait dans celle de l'adoptant les droits d'*agnat*, ou parent par mâles ; il succédait en tout à l'adoptant et aux parens même de celui-ci, à l'exclusion des *cognats*, parens par femmes, tant qu'il exista dans la législation romaine une distinction entre les uns et les autres, *inter agnatos et cognatos*.

On voit que l'adopté prenait absolument la place du fils légitime.

Les effets de l'adoption ne sont pas poussés si loin dans nos lois nouvelles. Il semble qu'il ait été donné au peuple romain, sur lequel nous reportons plus volontiers nos regards, soit parce qu'il est plus près de nous, soit parce que le monument de jurisprudence qu'il nous a laissé, est le plus vaste et à-la-fois le plus complet que nous connaissions; peut-être aussi parce que ce code a appartenu au peuple devenu le maître de l'univers, car l'on se sent toujours entraîné malgré soi à réfléchir sur les institutions de la première nation du globe; il semble, disons-nous, qu'il ait été accordé à ce peuple de n'offrir, jusqu'aux Empereurs, que des institutions *extrêmes* : la puissance paternelle sans bornes, le droit de vie et de mort sur les esclaves, la faculté indéfinie de tester, les effets absolus de l'adoption, une rigueur excessive dans les lois pénales, tout prouve ce que nous avançons.

Ce sont les institutions vigoureuses et âpres d'un peuple altier, l'on pourrait presque dire féroce, qui annoncent dans les premiers hommes qui le formèrent, les mœurs, les habitudes farouches et sauvages d'une peuplade non civilisée; et cette sévérité dans les lois, a duré autant que la république (1).

____

(1) Est-ce ce qui a fait dire à Bacon : « L'histoire

Il semble, au contraire, qu'il appartienne au peuple français, civilisé et poli depuis tant de siècles, distingué entre toutes les nations du monde, pour l'urbanité et la douceur des mœurs, de n'offrir à l'observateur que des institutions que l'on pourrait appeler *mixtes*, appropriées à son caractère et à ses habitudes.

Ainsi, son code contrastera avec le premier code romain, et cela doit être : l'un fut donné à un peuple nouveau ; l'autre l'a été à un peuple de XIV ou XV siècles, à une époque où, depuis plus de trois cents ans, l'étude des lettres et de la philosophie a dû, en adoucissant les mœurs, rectifier les habitudes et les lois qui naissent d'elles ; faire concourir, en un mot, toutes les idées lumineuses et saines, au perfectionnement du code national.

L'adoption a aussi, dans ces tems modernes, après avoir été jusque-là inconnue aux peuples du nord, trouvé sa place dans le code prussien, graces aux lumières qui y ont été apportées de l'occident par les lettrés du dix-huitième siècle.

Nous n'examinerons pas ici jusqu'à quel

» de cent peuples policés ne donne pas une aussi
» grande idée du genre humain, que le seul ta-
» bleau de la république romaine » ?

point cette institution peut être utile, favorable aux mœurs et aux familles ; notre but, comme on sait, se borne à exposer la législation sur la matière, sous le point de vue *des effets* de l'adoption.

Droits de l'adopté.

14. L'adopté a, sur la succession de l'adop‑ tant, les mêmes droits que ceux qu'a l'enfant né en mariage, même quand il y aurait d'autres enfans de cette dernière qualité, nés depuis l'adoption. (*art.* 344, *loi de l'adoption et tutelle officieuse ; liv.* 1er. *au c.*)

Ainsi, nulle difficulté : l'adopté légalement, (voir la loi de l'adoption, art. 337 et suiv.) à l'époque de l'ouverture de la succession du père adoptif, prend sa part, et est traité à l'égal du fils légitime, s'il en existe.

Conséquemment, il recueille *la totalité* de la succession, à l'exclusion des parens collaté‑ raux, s'il est appelé *seul* à la recueillir, c'est-à‑ dire, sans concours d'enfans du mariage du père adoptif.

Droit de retour.

Si l'adopté meurt sans descendans légitimes, les choses données par l'adoptant ou recueillies dans la succession de celui - ci, existantes en nature au décès de l'adopté, retournent à l'adoptant ou à *ses descendans,* sans préjudice des droits des tiers, et à la charge, par l'adoptant ou ses héritiers, de contribuer aux dettes. (*art.* 545, *l. ib.*)

En d'autres termes, pour que les biens délaissés par l'adopté, mort sans postérité, en tant qu'ils lui sont provenus de la succession de son père adoptif, remontent à leur source, il faut qu'ils soient libres et n'aient été ni aliénés ni hypothéqués, sauf, à l'adoptant ou aux siens, à purger l'hypothèque dans ce dernier cas, ou à payer les dettes dont l'adopté aurait assigné l'acquittement sur les biens par lui recueillis de l'adoptant, la loi réservant formellement *les droits des tiers.*

Si, du vivant de l'adoptant, et après la mort de l'adopté, les enfans *ou descendans* laissés par celui-ci, meurent eux-mêmes sans postérité, l'adoptant succède aux choses existantes par lui données.

Mais ce droit est inhérent à la personne de l'adoptant, et n'est point transmissible à ses héritiers, même en ligne *descendante;* (*art.* 346, *l. ib.*) c'est-à-dire, que le droit de retour n'est stipulé, en faveur des héritiers de l'adoptant, que dans le seul cas où l'adopté est mort sans postérité.

Succession de l'adopté.

Les biens propres de l'adopté, mort sans postérité, passent, comme il est d'usage, à ses parens naturels ; ceux - ci même excluent, pour les biens recueillis de l'adoptant, tous héritiers autres que les descendans de ce dernier.

Successions irrégulières.

15. Dans cette classe, il faut ranger les successions des personnes décédées sans parens au degré successible. Les biens provenant de ces sortes de successions, sont dévolus : 1°. à l'enfant naturel dont l'existence et l'état sont avoués par la loi, c'est-à-dire, à l'enfant reconnu dans les formes voulues par la loi, par ses père ou mère; (*art.* 328, *l. de la paternité et filiat. liv.* 1 *au c.*) 2°. à l'époux survivant, non divorcé;

3°. à la république, par droit de déshérence.

Les droits de l'enfant naturel sont réglés par la loi, en cas de concours entre lui et les parens du défunt. (*art. 47, l. des succes. au c.*)

Ils sont entiers, ainsi que ceux de l'époux survivant, et de la république, au défaut de parens successibles. (*art. 48, 57, 58, l. des successions, au c.*)

———

Nous avons parcouru les diverses classes de successions, sans en négliger aucunes. Les biens, de quelque nature qu'ils soient, tombent nécessairement dans l'une ou l'autre de ces quatre classes ; car ils proviennent, ou de personnes décédées, laissant des enfans ; ou de personnes mortes avant leur auteur, lesquelles n'ont laissé ni postérité, ni frères, ni sœurs, ni descendans d'eux ; ou de personnes mortes sans postérité, (avant ou après leurs père et mère), laissant des frères, sœurs ou descendans d'eux ; ou enfin de personnes, décédées sans parens au degré successible.

Il nous reste à parler de la qualité des successibles, de leur nombre et de leurs droits, objet du chapitre suivant.

CHAPITRE II.

SECTION Ire.

Qualités requises pour succéder.

16. POUR succéder, il faut nécessairement exister à l'instant de l'ouverture de la succession.

Celui qui n'est pas encore conçu,

L'enfant qui n'est pas né viable,

L'individu mort civilement ;

Sont incapables de succéder. (*art.* 15 , *l. des succes., au c.*)

Ici, quelques difficultés se présentent : la première c'est celle qui résulte de l'incertitude de la conception de celui qui se prétend habile à succéder.

Il faut puiser les règles dans la loi elle-même *de la paternité et filiation.*

L'état de l'enfant, né trois cents jours après la dissolution naturelle ou civile du mariage, et celui né avant le cent quatre-vingtième jour depuis la célébration du mariage, peut être contesté, soit par l'époux de la mère, dans les délais déterminés *(art.* 310, *l. ib.)* , soit par

les

les héritiers, également dans les délais prescrits ; c'est-à-dire, dans les deux mois, à compter de l'époque où l'enfant présumé s'est mis en possession des biens de celui qu'il prétend son père. (*art.* 311 *ib.*)

Ainsi, l'on peut, en thèse générale, entendre par ces mots, *l'enfant non conçu*, celui qui est né plus de trois cents jours après le jour de l'ouverture de la succession, ou moins de cent quatre-vingt depuis le mariage.

Par l'enfant qui n'est pas *né viable*, l'individu mort-né, ou celui qui est jugé par les gens de l'art, n'avoir pas été assez long-tems dans le sein de la mère, pour pouvoir jouir de la vie au moment de sa naissance.

La loi explique elle-même ce qu'elle entend par l'individu *mort civilement* : c'est celui contre lequel existe un jugement de condamnation à la mort naturelle, ou à des peines afflictives perpétuelles, auxquelles la loi a attaché l'effet de la mort civile, (*art.* 23 *et* 24, *l. de la jouis. et priv. des droits civils, au c.*) que les condamnations soient contradictoires ou par contumace, avec cette seule différence que les dernières n'emportent la mort civile qu'après les cinq ans qui suivent l'exécution par effigie, (*art.* 27 *ib.*)

Code des Success. An XI. B

au lieu que les condamnations contradictoires emportent la mort civile à compter du jour de leur exécution réelle ou par effigie. *(art. 26 l. ib.)*

Non-seulement les individus morts civilement, par suite de condamnations, ne peuvent plus recueillir aucune succession ; mais encore ils perdent la propriété de tous leurs biens, et leur ███████ssion s'ouvre au profit de leurs héritiers, ████me s'ils étaient morts naturellement et sans testament. (*art.* 25.)

17. Une seconde classe de personnes inhabiles à succéder, sont les Français qui ont perdu cette qualité, par naturalisation acquise en pays étrangers ; par l'acceptation, non autorisée du gouvernement, de fonctions publiques conférées par un gouvernement étranger ; par l'affiliation à toute corporation étrangère exigeant des distinctions de naissance ; enfin, par tout établissement fait en pays étranger, sans esprit de retour. (*art.* 17, *l. ib.*)

Il en est de même du Français, qui, sans autorisation du gouvernement, prend du service militaire chez l'étranger, ou s'affilie à une corporation militaire étrangère. (*art.* 21 *ib.*)

18. Les personnes indignes sont exclues des successions.

La loi désigne comme telles les condamnés pour avoir donné ou tenté de donner la mort au défunt, les individus qui ont porté contre le défunt une accusation capitale, jugée calomnieuse.

L'héritier majeur qui, instruit du meurtre du défunt, ne l'a pas dénoncé à la justice.

Cependant le défaut de dénonciation ne peut être opposé aux ascendans et descendans du meurtrier, à ses alliés aux mêmes degrés, à l'époux ou à l'épouse, au frère, à l'oncle, au neveu. (*art.* 17 *et* 18, *l. des succ. au c.*)

L'indignité du père n'exclut pas les enfans, venant à la succession de leur chef et sans le secours de la représentation.

19. Un étranger ne succède aux biens possedés en France, par son parent Français ou étranger, que dans le cas et de la même manière que le Français succède à son parent, possédant des biens dans le pays de cet étranger. (*art.* 16 *ib.*)

Ainsi, en supposant qu'un Français ne jouisse en Angleterre que du tiers des droits d'un Anglais-né, cet Anglais, appelé à recueillir en France la succession d'un parent, sera restreint au tiers des droits d'un parent français au même degré, et ainsi de suite.

Tout ce que nous venons de voir suffit pour déterminer, d'une manière précise, les diverses sortes de personnes appelées à succéder.

Dans les deux premières classes de successions, *ascendantes* et *descendantes*, il ne se présente presque jamais de difficultés sérieuses sur la qualité des successibles ; les enfans qui auraient pu donner lieu à quelques discussions sur leur *état* ont été ordinairement reconnus par leurs parens, lorsqu'ils l'ont dû être.

Les difficultés se réduisent donc aux cas de successions collatérales ou de successions irrégulières.

Section II.

Droits des successibles.

20. Les successibles sont *ascendans* ou *descendans* : ces derniers sont *légitimes* ou *illégitimes* : il y a de plus des succ. collatéraux.

Les descendans légitimes excluent toujours toutes les autres sortes de successibles. Les ascendans excluent les successibles autres que les descendans, quelquefois ils concourent avec les collatéraux. Jamais ceux-ci ne concourent avec les descendans directs. (*art.* 35, 37, 38, 40, *l.* des succes. au c.*)

§. I.ᵉʳ

Droits des successibles descendans.

21. Les enfans ou leurs descendans succèdent par égales portions et par tête, quand ils sont tous au premier degré et appelés de leur chef; ils succèdent par souche, lorsqu'ils viennent tous ou en partie par représentation. (V. le nº. 6.)

Supposons que Jérôme a laissé trois enfans et un petit-enfant, Hyacinthe, provenu de Pierre, quatrième fils du décédé, mort avant le père commun. Les trois premiers, Guillaume, Bertrand et Charles, succèdent par égales portions aux biens de Jérôme, c'est-à-dire, chacun pour un quart; la quatrième portion restante est dévolue à Hyacinthe leur neveu. Nous pouvons supposer qu'Hyacinthe est remplacé par deux ou plusieurs frères ou par ses propres enfans, et concevoir facilement que, quel que soit leur nombre, ils ne prendront toujours que le quart réservé par la loi, à Pierre, quatrième fils de Jérôme leur auteur.

Il peut arriver qu'il n'existe plus, à la mort du père, aucun des enfans, et que la succession

doive passer, soit aux petits-enfans, soit aux
arrière-petits-enfans; alors, les biens se divisent
en autant de portions qu'il y a eu d'enfans de
l'auteur commun décédé, morts laissant des
descendans d'eux. Cette première division ainsi
faite, chacune des parts principales se change,
pour ainsi dire, en une succession nouvelle,
divisible à son tour entre les enfans d'un même
père ou les descendans d'eux; toujours en supposant qu'il n'existe aucunes dispositions dans
les degrés inférieurs.

Rendons ceci plus sensible par un exemple :
Jacques Boileau, père de deux enfans, Clair et
Théophile, auxquels il a survécu, a laissé en
mourant une succession de 10,000. fr.

Clair et Théophile ont eu chacun deux
enfans : les deux fils de Clair sont morts, laissant
un seul descendant d'eux, Paul; il est évident
que nous aurons d'abord deux portions égales
à faire de la somme des 10,000 fr. pour chacun
des frères décédés Clair et Théophile ; l'une de
ces portions, de 5000 f. destinée aux enfans existans de Théophile qui le représentent, l'autre à
Paul, petit-fils de Clair. Ainsi, Paul, quoique
plus éloigné d'un degré, de Jacques Boileau,
auteur commun, que les deux fils de Théophile,

prendra à lui seul, dans la succession, une somme égale à celle qui revient à ses deux oncles ; parce qu'il représente son auteur Clair, comme les deux enfans de Théophile représentent leur père.

Cet exemple, dans lequel on suit jusqu'au quatrième degré les diverses lignes des successibles, suffit pour les cas ordinaires. Il doit être rare en effet que la représentation s'étende plus loin ; au reste, la suite de l'opération n'offre pas plus de difficultés.

22. Les enfans peuvent être frères germains ou seulement utérins, ou enfin consanguins, c'est-à-dire, issus de pères communs, ou de mère commune et de père différent, ou de père commun et de mère différente.

Le partage, entre les frères germains, se fait tout naturellement, par portions égales de la masse des biens de leurs auteurs. Il en est nécessairement autrement des frères des deux autres classes.

Les enfans de chaque lit, germains entr'eux, se partagent d'abord les biens de l'auteur qui leur est commun, puis ils concourent avec leurs frères utérins ou consanguins, au partage des biens délaissés par la mère ou le père communs. D'autres règles régissent les successions colla-térales. (V. le n°. 29.)

Quoique ceci soit extrêmement facile à saisir, nous pouvons poser une espèce, qui rendra plus palpable encore la proposition : Robert Lefranc, marié trois fois, a eu sept enfans de trois épouses différentes. Deux de la première, quatre de la seconde, et un de la troisième ; à la mort de chacune des deux premières, les enfans de chaque lit ont successivement recueilli les biens de leurs mères respectives ; au decès du père, tous les frères consanguins se sont partagé, par égales portions, le patrimoine paternel, et enfin, le dernier des enfans doit recueillir en seul la succession de la veuve Le-franc, sa mère.

Il peut encore arriver que celle-ci convole à son tour à de secondes noces, que de nou-veaux enfans viennent partager sa succession avec le fils du premier lit.

Cet ordre de succession est aussi simple que fondé en raison, et ne peut jamais donner nais-sance à aucune difficulté.

§. II.

Droits des successibles ascendans.

23. Toute succession échue à des ascendans ou à des collatéraux, se divise en deux parts égales; l'une pour les parens de la ligne paternelle, l'autre pour ceux de la ligne maternelle, sans distinction de biens, et quelle qu'en soit la nature ou l'origine. (*art. 22 et 23, l. des succes. au c.*) Cette première division opérée entre les lignes, il ne s'en fait plus entre les branches. La moitié dévolue à chaque ligne appartient aux héritiers les plus proches en degré, sauf le cas de la représentation. (*art. 24 ib.*) Les parens utérins ou consanguins, ne sont pas exclus par les germains, ainsi que nous l'avons vu n°. 22 ; mais, comme cela est raisonnable, ils ne prennent part que dans leur ligne, au lieu que les germains, par la raison inverse, prennent part dans les deux.

24. Les ascendans succèdent, à l'exclusion de tous autres, aux choses par eux données à leurs enfans ou descendans, décédés sans postérité, lorsque les objets donnés se retrouvent en nature dans la succession.

B 3

Ils succédent, à cet égard, à tous les droits actuels du donataire. (*art.* 37 *l. ib.*)

25. Si le défunt n'a laissé ni postérité, ni frère, ni sœur, ni descendans d'eux, la succession se divise par moitié entre les ascendans de la ligne paternelle et ceux de la ligne maternelle.

L'ascendant le plus proche recueille la moitié affectée à sa ligne, exclusivement à tous autres.

Au même degré, les ascendans succèdent par tête. (*art.* 36, *l. ib.*)

26. Lorsque les père et mère d'une personne morte sans postérité lui ont survécu, si elle a laissé des frères, sœurs ou descendans d'eux, moitié de la succession est déférée aux ascendans qui la partagent entr'eux également ; l'autre moitié, aux frères, sœurs ou à leurs représentans. Si l'un des père et mère est prédécédé, la portion qui lui aurait été dévolue, c'est-à-dire, le quart de la totalité, se réunit à la moitié déférée aux collatéraux, qui recueillent alors les trois quarts. (*art.* 38 *et* 39, *l. ib.*)

Il ne sera pas inutile de rendre ce nouveau système de successions plus familier par un exemple.

Nous supposerons successivement deux ascendans sans concurrence de collatéraux.

Un ascendant en concurrence avec des ascendans plus éloignés.

Un ascendant seul en concurrence avec les frères ou sœurs du décédé, ou leurs représentans.

Et enfin un *seul* ascendant, en concurrence avec des collatéraux éloignés, au défaut de frères et sœurs, ou de leurs réprésentans.

C'est là tout le système de la loi.

Ascendans sans concurrence de collatéraux.

Clément Marot, fils unique de Jacques, meurt sans postérité, ne laissant à lui survivant que ses père et mère, et point de collatéraux : la succession se divise en deux portions égales : l'une déférée au père, l'autre à la mère ; ou, ce qui est ici la même chose, les deux ascendans succèdent par tête.

Ascendans en concurrence avec d'autres ascendans.

Jean de la Fontaine, fils unique de Charles, meurt sans postérité, laissant pour seuls héritiers

Françoise Pidoux sa mère, Jean de la Fontaine, son aïeul, et Claire Duglas son aïeule maternelle.

La succession se divise par moitié entre les ascendans de la ligne paternelle, et ceux de la ligne maternelle.

L'une, recueillie par la mère du décédé, à l'exclusion de l'aïeule; l'autre, par l'aïeul paternel.

Ascendant seul en concurrence avec les frères ou sœurs du décédé, ou leurs représentans.

Pierre Bayle a laissé, en mourant, Edme son père, deux frères vivans, et Charlotte Bayle, sa nièce, fille d'un troisième frère. La succession de Pierre se divise en quatre portions égales, dont une est déférée au père survivant, et dont trois sont déférées aux deux frères du décédé, et à Charlotte, représentant un troisième frère, son père.

Ascendant seul en concurrence avec des collatéraux éloignés, autres que frères ou sœurs, ou leurs représentans.

Pierre de Guerle, mort sans postérité, a laissé Dominique son aïeul paternel, et deux cousins au troisième degré, du côté maternel ; sa succession est déférée pour moitié à l'ascendant survivant, et pour l'autre moitié aux parens les plus proches, qui sont, dans notre cas, les deux cousins dont il a été parlé, lesquels se partagent par tête les biens échus. (*art.* 43 , *l. des suc.*)

L'ascendant excluant, dans sa ligne, tous collatéraux, autres que frères et sœurs du défunt ou descendans d'eux : il est inutile de nous occuper à rechercher s'il en existe.

Dans le nouvel ordre de choses, établi par la loi *des successions au c.*, on voit que l'ascendant ou les ascendans les plus proches sont constamment appelés pour une portion quelconque, quelquefois pour la totalité, à la succession de leurs enfans, morts sans postérité.

Nous poserons une dernière espèce pour le cas où les ascendans sont appelés, à l'exclusion de tous autres. (*art.* 37 , *l. ib.*)

Jean Racine avait donné à Louis, son fils, lors de son mariage, une somme de 30,000 l. pour se faire une bibliothèque, et les droits d'auteur d'une troisième édition de ses œuvres. Louis meurt, après avoir perdu l'unique fils provenu de son mariage, laissant Jean Racine, son père à lui survivant.

Celui-ci succède, à l'exclusion de tous autres, à Louis son fils, dans la propriété de la bibliothèque acquise avec la somme des 30,000 liv. à lui données par son contrat de mariage, plus aux 6000 livres resté dues, sur la troisième édition des œuvres du père, par le libraire qui s'en est rendu l'acquéreur.

§. III.

Droits des successibles collatéraux.

27. Les frères et sœurs ou leurs descendans sont appelés, à l'exclusion des ascendans et des autres collatéraux, à la succession des personnes mortes sans postérité, et ne laissant ni père, ni mère. *(art. 40, l. des succes. au c.)*

Ils succèdent de leur chef, ou par représentation.

De la représentation. Ce que c'est.

La représentation est une fiction de la loi, dont l'effet est de faire rentrer les représentans dans la classe, dans le degré et dans les droits du représenté.

Elle a lieu, à l'infini, dans la ligne directe descendante, soit que les enfans du défunt concourent avec les descendans d'un enfant prédécédé, soit que les représentans se trouvent en degrés égaux entr' eux ; soit enfin que les enfans des frères ou sœurs du défunt concourent avec des oncles ou tantes. *(art. 29 et 30, l. ib.)*

La représentation n'a pas lieu en faveur des ascendans ; le plus proche exclut toujours le plus éloigné.

On ne représente pas la personne vivante, mais celle qui est morte naturellement ou civilement.

On peut représenter celui à la succession duquel on a renoncé. *(art. 54, l. ib.)*

28. Les collatéraux sont appelés à succéder concurremment avec les ascendans, lorsqu'il en existe. (Voyez le chap. précédent.)

Nota. Les droits des collatéraux se trouvant presque toujours mêlés avec ceux des ascendans, il serait difficile de ne pas se répéter, en les reproduisant de nouveau. Nous nous bornerons au petit nombre de cas dont nous ne nous sommes pas encore occupés.

29. Dans les successions dévolues aux collatéraux, le partage s'opère entr'eux par égales portions, s'ils sont du même lit; s'ils sont de lits différens, la division se fait par moitié entre les deux lignes parternelle et maternelle du défunt.

Les germains prennent part dans les deux lignes; les utérins et consanguins, (V. le n°. 22) prennent chacun dans leur ligne seulemen

S'il n'y a de frères ou sœurs que d'un côté, ils succèdent à la totalité, exclusivement à tous autres parens de l'autre ligne. *(art.* 42 *, l. ib. au c.*)

Par ces mots: *exclusivement à tous autres parens*, il ne faut pas entendre que les enfans représentant leur père ou mère, soient exclus par les frères ou sœurs du défunt, leurs oncles, avec lesquels, au contraire, ils concourent constamment. (n° 27.)

Ces deux articles ne nous semblent pas exiger de plus grands dévelopemens; l'on voit que la masse dévolue aux collatéraux doit se diviser en autant de parts qu'il y a de successibles, provenus du même lit; ou en deux moitiés, s'il y a des successibles de plusieurs lits.

Il s'agit de la succession de Pierre, mort sans postérité, après ses père et mère.

Ses frères et neveux sont appelés à recueillir son héritage ; voici l'ordre qui s'établit :

Pierre *de Cujus.*

Jean,   Paul (décédé,)
    frères.

Marc, Bel, Casimir.
fils de Paul, d'un même lit.

Succession de Pierre, 100,000 fr.

Il revient une moitié :
A Jean............. 50,000 fr.
Aux trois fils de Paul, 50,000 fr.
A chacun d'eux .... 16,666 fr. 66 c.

Supposons Casimir représenté par deux enfans de deux lits différens : la somme de 16,666 fr. 66 cent. deviendra divisible en deux portions égales de 8,333 fr. 33 cent., dont le frère d'un lit recueillera l'une, et le frère du second lit, l'autre.

SECTION III.

SUCCESSIONS IRRÉGULIÈRES.

§. Ier.

Droits des enfans naturels.

L'enfant naturel a droit à la totalité des biens, si le père ou la mère n'ont laissé à leur décès aucun parent au degré successible. *(art.* 48, *loi des succes. au c.)* Voyez le n°. 15, où sont établies les conditions nécessaires pour rendre l'enfant naturel, habile à succéder, et *la loi de la patern. et filiat. l.* 1 *au c. sec.* 2.

Le droit de l'enfant naturel est d'un tiers de la portion héréditaire, destiné à l'enfant légitime, lorsqu'il existe d'autres descendans légitimes.

Si ses père et mère, au défaut de descendans, laissent des ascendans ou des frères ou sœurs, le droit de l'enfant naturel est de la moitié de cette même portion légitime.

Il est des trois quarts, au cas où les père et mère ne laissent ni autres descendans, ni ascendans, ni frères, ni sœurs.

30. Les descendans du fils naturel sont au-

torisés à réclamer ses droits après son décès, lorsqu'ils sont échus et non acquittés, à la charge d'imputer sur ces droits ce qu'ils peuvent avoir reçu du père ou de la mère, et qui serait sujet à rapport dans les cas prévus par la loi. (Voyez le chapitre des rapports, pag. 70, *art.* 49 *et* 5o , *l. des succ. au c.*)

La loi, rigoureuse envers l'enfant naturel, lui interdit toutes réclamations, si du vivant des père et mère, il a reçu la moitié de ce qui lui est attribué ; avec déclaration expresse de la part de ceux-ci, que leur intention a été de réduire l'enfant naturel à la portion qui lui est assignée par eux.

Cependant, elle permet que l'enfant naturel, nonobstant cette intention manifestée par les auteurs de ses jours, puisse réclamer le supplément nécessaire pour parfaire cette moitié, au cas où il ne l'eût pas encore obtenue. *(art.* 5i. *l. ib.)*

3 1. Les enfans adultérins ou incestueux n'ont droit qu'à des alimens, lesquels sont réglés relativement aux facultés des auteurs de leurs jours.

Et même si leurs premiers parens leur ont fait apprendre un art mécanique, ou si les enfans adultérins ou incestueux ont obtenu des alimens assurés, du vivant de l'un des auteurs, ils ne peuvent plus élever de réclamation contre les héritiers de ceux-ci. *(art. 52, 53 et 54, l. ib. au code.)*

§. II.

Succession des enfans naturels.

32. La succession de l'enfant naturel, décédé sans postérité, est dévolue au père ou à la mère qui l'a reconnu, et par moitié à tous les deux, s'il a été reconnu par l'un et par l'autre.

Si les père et mère sont décédés, les biens qu'il en avait reçus passent aux frères et sœurs légitimes ; en nature, s'ils existent tels ; ou en reprises, s'ils ont été aliénés et non payés.

Les biens des enfans naturels, autres que ceux qui leur sont venus de leurs auteurs, passent aux frères et sœurs naturels ou à leurs descendans. *(art. 56, l. ib.)*

Ainsi l'on voit que les biens des enfans naturels se divisent en deux classes bien distinctes ; l'une, comprenant tout ce qui leur est arrivé du chef de leurs père et mère ; l'autre, ce qu'ils ont pu acquérir par leur propre industrie, ou par des causes étrangères.

Les biens de la première classe, le législateur

a voulu les faire, en quelque sorte, remonter à leur source, en les attribuant aux enfans légitimes de ceux qui ont donné le jour à l'enfant naturel.

Il a cru juste, au contraire, d'accorder les biens dus à la seule industrie ou à la bonne fortune de l'enfant naturel, à ses frères et sœurs naturels ou à leurs descendans.

Il faut nécessairement supposer, dans le silence de la loi, qu'à défaut de frères légitimes, la totalité de la succession de l'enfant naturel, mort sans postérité, doit passer à ses frères naturels, s'il en existe, et réciproquement, au défaut de ces derniers.

Dans ce cas, les frères survivans deviennent, à l'égard du décédé, les héritiers naturels et légitimes, quelle que soit leur origine, et par préférence aux collatéraux plus éloignés, au conjoint survivant, et enfin à la république.

SECTION IV.

§. Iᵉʳ.

Droits du conjoint survivant.

33. Lorsque le défunt n'a laissé ni parens au
degré successible, ni enfans naturels, les biens
passent au conjoint survivant, non divorcé.
(art. 57, l. ib.)

§. II.

Droits de la république.

34. La république succède, par droit de
déshérence, au défaut de parens successibles et
du conjoint survivant. *(art. 58 ib.)*
Les cas où il ne se présente aucun parent
successible au degré prescrit par la loi, doivent
être extrêmement rares : lorsqu'ils arrivent, l'envoi en possession ne pouvant être que provisoire,
certaines formalités sont devenues nécessaires,
pour la conservation des droits d'héritiers éloignés absens, qui, ignorant l'ouverture des successions auxquelles ils sont appelés, viendraient

à se présenter par la suite, dans le délai de trois ans.

C'est pour cette raison que la loi a prescrit au conjoint survivant et à l'administration du domaine, de faire apposer les scellés, de faire faire inventaire, et de demander l'envoi en possession au tribunal de première instance, dans le ressort duquel s'est ouverte la succession. *(art. 59 et 60, l. ib.)*

L'époux survivant est en outre tenu de donner caution, pour la restitution du mobilier, si le cas y écheoit; à peine des dommages et intérêts envers les héritiers s'il s'en présente, tant contre l'époux, que contre l'administration du domaine, pour l'omission des formalités qui leur sont respectivement prescrites. *(art. 61 et 62, l. ib. au c.)*

CHAPITRE III.

Acceptation et répudiation des successions.

Jusqu'ici, nous avons vu les régles qui doivent servir à déterminer, d'une part, l'époque de l'ouverture du droit des successibles, et, de l'autre, les qualités requises dans leur personne, ainsi que les portions contingentes qui leur sont dévolues dans les différentes classes de succession, selon l'ordre de proximité, ou l'ordre fictif établi par la loi.

La liaison naturelle des idées et des choses nous conduit maintenant à nous occuper des actes qui dépendent purement de la volonté des appelés.

Il est en effet deux situations bien distinctes, par rapport à l'héritier, au successible en général : l'une, dans laquelle il est entièrement passif et qui dépend d'une manière absolue, ou du hasard de la naissance, ou de la volonté de la de la loi, ou enfin de la volonté du défunt. Ainsi, je suis héritier, ou appelé à succéder, non point parce que je l'ai voulu ou souhaité, mais

parce

parce que je me suis trouvé en première ligne, parmi les parens existans du défunt, ou parce que la loi m'a désigné, quoique dans une classe plus éloignée, pour prendre part à la succession, ou parce qu'enfin telle a été la volonté manifestée de la personne à laquelle je dois succéder.

La seconde situation, au contraire, dans laquelle nous allons désormais considérer l'appelé, dépend toute entière de lui.

Je suis appelé à la succession de Michel Montaigne, mon parent plus ou moins éloigné, mais il dépend de moi d'accepter ou de refuser cette qualité; il dépend de moi de refuser la faveur de la loi, ou celle qu'a voulu m'accorder mon parent.

Il est en même tems nécessaire, soit au bon ordre de la société, soit à l'intérêt de la famille, soit à celui des particuliers, que mon intention soit promptement connue, que mon vœu soit promptement émis, afin que les héritages ne restent point vacans et sans culture, et que les propriétaires nouveaux qui doivent me remplacer, en cas d'une volonté négative de ma part, jouissent, pour leur intérêt et pour celui de tous, de l'intégralité de leurs droits.

Nous allons considérer succcessivement la

Code des Success. An XI. C

marche que doit tenir l'appelé à la succession, immédiatement après l'ouverture de son droit.

Les sections suivantes seront destinées à exposer ce qui touche l'acceptation, la renonciation aux successions, le bénéfice d'inventaire et les obligations de l'héritier bénéficiaire.

SECTION PREMIÈRE.

De l'acceptation.

35. Nul n'est tenu d'accepter la succession qui lui est échue. *(art. 65 l. des succes. au c.)*

Le majeur seul, jouissant de ses droits, peut accepter valablement une succession.

La femme mariée ne le peut, sans l'autorisation du mari ou de la justice.

Le mineur et l'interdit ne peuvent accepter que par le tuteur, autorisé par un conseil de famille. *(art. 66 et 73. l. ib. art. 455. l. des tutèles. liv. 1. au c.)*

36. L'acceptation est pure et simple, ou sous bénéfice d'inventaire ; celle de la première espèce ne peut jamais être faite au nom du mineur ou interdit. *(art. 455, l. ib. art. 64, l. des successions.)*

37. L'acceptation peut être expresse ou tacite : la première résulte du titre ou de la qualité d'héritier, pris dans un acte authentique ou privé, et ne peut être susceptible d'aucune discussion. La seconde résulte de l'acte qui suppose nécessairement dans l'héritier, l'intention d'accepter, acte qu'il n'aurait droit de faire qu'en sa qualité d'héritier. *(art.* 68. *l. ib. au c.)*

Quoique cette sorte d'acceptation semble un peu plus arbitraire, elle ne laisse pas cependant d'avoir ses règles fixes, pour le plus grand nombre de cas.

Si, par exemple, j'ai donné quittance d'une somme due à celui dont je suis l'héritier, et à laquelle je n'ai de droits qu'en cette qualité, il est évident que je fais acte d'héritier en la recevant, quand même je ne prendrais pas cette qualité dans l'acte libératoire.

L'acceptation tacite peut se rencontrer encore dans l'action de l'héritier, ou son intention paraîtrait plus vague et sa volonté moins déterminée, comme le délai accordé au débiteur de la succession d'une somme échue, les fruits perçus, etc.

Au contraire, le consentement donné à une expertise, une plantation de bornes, la disposition provisoire d'un héritage ou portion de ferme, concédé à un colon ou métayer, enfin tout acte purement conservatoire, de surveillance ou d'administration provisoire, ne sont pas des actes d'acceptation d'hérédité, si celui qui les fait ne prend point le titre ou la qualité d'héritier. *(art.* 69, *l. des succes. au c.)*

Il est cependant prudent, lorsqu'on est dans l'intention de n'accepter point une hérédité, de ne s'ingérer en rien dans l'administration, ne fût-ce que par provision, pour éviter toute espèce de discussion avec les créanciers.

38. La donation, cession ou transport faits par un co-héritier de ses droits successifs, emporte acceptation de sa part, qu'elle soit faite à un étranger ou à un autre co-héritier.

Il en est de même de la renonciation, bien que gratuite, de la part de l'un des héritiers au profit d'un autre, et de la renonciation même au profit de tous co-héritiers indistinctement, lorsque le cédant en a reçu le prix. *(art.* 70, *l. ib.)*

Le motif qui a déterminé le législateur dans la rédaction de ces dernières dispositions, a été d'empêcher la collusion et la fraude entre co-héritiers.

39. Au cas où les héritiers ne se trouvent pas d'accord sur l'acceptation ou la répudiation, la succession doit être acceptée sous bénéfice d'inventaire.

Les héritiers d'une personne décédée sans avoir accepté ou répudié la succession à elle échue, peuvent l'accepter ou la répudier comme ils l'entendent, *(art.* 72, 71, *l. ib.)* le silence de l'héritier décédé, ne les liant en rien. Il est bien entendu néanmoins que l'héritier sera mort avant l'expiration des délais accordés par la loi, pour accepter ou répudier ; en sorte que s'il a vécu, par exemple, plus de cent trente jours depuis l'ouverture de la succession, dans les cas ordinaires, sans avoir fait ou commencé l'inventaire, les héritiers qui lui succèdent sont tenus d'accepter purement et simplement, ou de répudier : les délais pour jouir du bénéfice d'inventaire se trouvant expirés. De même, s'il a vécu trente ans révolus, sans faire acte d'héritier, ses successeurs sont irrévocablement déchus du droit d'accepter. (V. les n°°. 43 et 46.)

40. L'acceptation faite par personnes capables est irrévocable de sa nature, si ce n'est dans le cas où elle a été la suite d'un dol. L'héritier ne

peut réclamer sous prétexte de lésion, à moins
que la succession ne se trouve absorbée ou diminuée de plus de moitié, par la découverte
d'un testament, non connu au moment de
l'acceptation. (*art.* 73, *l. ib.*)

On sent toute la nécessité d'une pareille disposition : il est de la dernière importance, pour
les créanciers ou pour les héritiers appelés en
sous ordre, d'être certains, les uns de la personne à laquelle ils doivent désormais s'adresser,
les autres de l'étendue et de la réalité de leurs
droits respectifs.

SECTION II.

De la renonciation.

Il y a entre les caractères généraux attachés
à l'acceptation et à la renonciation des successions; cette différence bien tranchée, que la
première peut être présumée, et que la seconde
ne le peut point; et cela par la raison même que
la renonciation, de sa nature, étant diamétrale-
ment opposée à l'acceptation, ou étant la négation
de celle-ci, l'action positive peut se présumer dans certains cas, mais la négative ne le peut
jamais. En effet, si j'ai le droit de faire une

chose, il est certain que l'on ne peut raison-
nablement présumer que je ne la ferai point,
jusqu'à ce que j'aie manifesté mon intention à
cet égard.

41. La renonciation a l'effet de dépouiller
l'héritier de toute idée attachée à cette qualité,
en sorte que, sa part, s'il n'est que co-héritier,
ou la totalité, s'il est héritier pour le tout,
sont régies comme si le renonçant n'avait jamais existé. La succession, dans le premier cas,
est dévolue aux co-héritiers; et dans le second,
au degré qui suit, ou à la république, si les
degrés des successibles sont épuisés. *(art. 74,
75 et 76, l. ib.)*

42. On ne représente pas l'héritier qui a renoncé : s'il est seul de son degré, ou si les autres
co-héritiers renoncent, les enfans viennent de
leur chef et succèdent par tête. *(art. 77, l. ib.)*

Pierre Picard a renoncé à la succession de
Blaise, l'un de ses freres; la succession de celui-ci
n'accroît pas aux enfans de Pierre, mais aux
autres frères existans du défunt, qui n'ont pas
renoncé à sa succession.

Si nous supposons que Pierre Picard soit
le seul frère du décédé et son héritier, en concur-

rence, avec un ascendant: par exemple, le père ou la mère, ses enfans se partageront par tête les trois quarts de la succession qui leur sont déférés par la loi, de leur chef, sans égard aux dispositions contraires qui pourraient exister de la part de leur père.

43. Les créanciers de celui qui renonce, au préjudice de leurs droits, peuvent se faire autoriser par justice à accepter la succession du chef de leur débiteur. *(art.* 78 *, l. ib.)*

La renonciation, dans ce cas particulier, n'est annullée que jusqu'à concurrence des créances, et seulement en faveur des créanciers; elle est toujours irrévocable à l'égard de l'héritier.

L'héritier a trente ans pour accepter la succession à laquelle il a renoncé, et qui n'a pas été acceptée par d'autres. Après ce tems, la prescription est acquise contre lui, sans préjudice, néanmoins, en cas d'acceptation tardive, des droits des tiers sur les biens de la succession, soit par prescription, soit par acte valablement fait avec le curateur à la succession vacante. *(art.* 79 *et* 80 *, l. ib.)*

44. L'on ne peut, même par contrat de ma-

riage, renoncer à la succession d'une personne vivante, ni aliéner les droits éventuels qu'on pourra avoir à sa succession. *(art. 81 , l. ib.)*

Cette disposition est tout à-la-fois, et très-morale, et très-propre, d'une part, à obvier aux discussions entre les frères ; de l'autre, à prévenir toutes les surprises, toutes les embûches tendues par la cupidité ou l'égoïsme, aux jeunes personnes, à l'époque de leur établissement.

On sait à combien de procès sans fin donnaient lieu, dans l'ancienne jurisprudence, les réclamations des puînés, en pays de droit écrit, contre les renonciations portées aux contrats de mariage. Ce désordre va désormais cesser.

Outre cet inconvénient majeur, il était souverainement immoral de permettre à des héritiers présomptifs de renoncer aux successions de personnes, qu'ils étaient souvent destinés à précéder dans la tombe.

45. La loi déclare déchus de la faculté de renoncer, les héritiers qui auraient diverti ou recélé les effets de la succession ; elle les prive en outre de toute part aux objets divertis ou recélés. *(art. 82 , l. ib.)*

C'est pour prévenir un reproche aussi grave,

qui pourrait être fait à l'héritier que, toutes les fois qu'il est appelé à recueillir une succession, en concurrence avec des co-héritiers, ou dans laquelle il existe des dettes passives, il doit s'empresser de requérir l'apposition des scellés et de faire procéder à un inventaire.

La renonciation sera dorénavant faite exclusivement au greffe du tribunal de première instance, dans l'arrondissement duquel la succession s'est ouverte, sur un registre particulier tenu à cet effet. *(art.* 74, *l. ib.)*

(Voir, pour les délais, le N°. 46, ci-après.)

SECTION III.

§. Ier.

De l'inventaire ; du bénéfice d'inventaire.

46 L'inventaire, comme chacun sait, n'est que l'état destiné à constater la situation de la succession, pour toutes les choses mobilières, susceptibles de détérioration prompte, ou de facile déplacement. Cet état sert, tout-à-la-fois, de garantie aux héritiers et aux créanciers de la succession. C'est pour cela qu'on a donné à

cette sorte d'actes, le nom d'actes conservatoires.

L'héritier qui veut n'accepter la succession que sous bénéfice d'inventaire en fait sa déclaration au greffe du tribunal civil de première instance, du lieu de l'ouverture de la succession; mais cette déclaration, pour avoir son effet, doit être précédée ou suivie d'un inventaire fidèle des biens de la succession. (*art.* 83 *et* 84, *l. ib.*)

Les délais, pour faire cet inventaire, sont de trois mois, à partir du jour de l'ouverture de la succession.

A ce délai, il faut ajouter quarante jours, accordés à l'héritier pour délibérer sur son acceptation ou sa renonciation, lesquels commencent à courir du jour de l'expiration des trois mois donnés pour l'inventaire, ou de celui de sa clôture, s'il a été terminé avant les trois mois, ce qui fait en tout dans le premier cas cent trente jours, et plus ou moins dans le second; pendant lequel tems il ne peut être obtenu contre l'héritier aucune condamnation. (*art.* 85 *et* 87, *l. ib.*)

47. Après l'expiration des délais accordés pour faire inventaire et délibérer, l'héritier, en cas de poursuite dirigées contre lui, peut

en demandei de nouveaux, que le tribunal, saisi de la contestation, accorde ou refuse suivant l'occurence.

_Néanmoins, ces divers délais expirés, l'héritier conserve encore la faculté de faire inventaire et de se porter héritier bénéficiaire, si d'ailleurs il n'a pas fait acte d'héritier, ou s'il n'existe pas contre lui de jugement passé en force de chose jugée, qui le condamne comme héritier pur et simple. *(art.* 88 *et* 90 , *l. ib.)*

48. L'effet du bénéfice d'inventaire est de donner à l'héritier l'avantage de ne payer les dettes de la succession qu'à concurrence de la valeur des biens recueillis, et de pouvoir se décharger du paiement des dettes, en abandonnant aux créanciers ou légataires tous les biens de la succession.

Conséquemment, de tenir séparés ses biens propres de ceux de la succession, et de conserver contr'elle le droit de réclamer le paiement de ses créances propres. *(art.* 92 , *l. ib.)*

§ II.

Obligations de l'héritier bénéficiaire.

49. L'héritier bénéficiaire, chargé d'administrer les biens de la succession, doit rendre compte de son administration, aux créanciers et aux légataires ; le compte qu'il rend est apuré par eux, et dès ce moment, l'héritier ne peut plus être contraint sur ses biens personnels, que jusqu'à concurrence des sommes dont il se trouverait réliquataire.

Jusqu'à la présentation de ce compte, l'héritier peut être poursuivi sur ses biens propres, après avoir été mis en demeure de le fournir.

L'héritier bénéficiaire n'est tenu que des fautes graves. *(art.* 93 *et* 94, *l. ib.)*

Par *fautes graves*, l'on est convenu d'entendre tout ce qui tient essentiellement du fait ou de la négligence de la personne dont il s'agit ; au contraire, tous les évènemens qui sont indépendans de la volonté de l'homme, comme la chûte d'une construction par vétusté, les incendies, les inondations, et en général les grands accidens du monde physique, sont regardés, avec raison, comme hors du pouvoir et des précautions des hommes.

Une faute grave, c'est de n'avoir pas pris les mesures nécessaires pour empêcher la prescription d'une créance; de n'avoir pas exigé d'un co-propriétaire qui y est tenu, sa contribution pour l'entretien d'un mur mitoyen, qui se sera depuis écroulé; en général, c'est d'avoir négligé les actes conservatoires ou les mesures administratives qui intéressent essentiellement la succession.

« L'héritier peut vendre les meubles de la succession, par le ministère d'officier public, avec toutes les formalités requises pour les ventes judiciaires, telles qu'affiches, et publications accoutumées et à l'enchère. Si les meubles ont été conservés en nature, l'héritier bénéficiaire n'est tenu qu'à leur représentation, et ne répond que de la détérioration causée par sa négligence.

Nota. Comme il est de l'intérêt commun de tirer le meilleur parti possible des effets de la succession, il est toujours plus avantageux de faire procéder à la vente des meubles qui peuvent dépérir ou être soustraits, que de les conserver en nature. Ceci est dit en général.

50. Les immeubles ne peuvent être aliénés par l'héritier bénéficiaire, que dans les formes prescrites par la loi. Ces formes, jusqu'à la publication du code de la procédure civile, sont celles qui ont été déterminées par l'ordonnance.

L'héritier est tenu, si les créanciers ou intéressés l'exigent, de donner caution pour la valeur du mobilier compris dans l'inventaire, et pour la portion du prix des immeubles vendus, qui pourraient n'avoir pas été délégués aux créanciers hypothécaires.

Faute par lui d'avoir fourni cette caution, les sommes provenues des ventes sus-énoncées, sont remises, sur la demande des intéressés, entre les mains d'un dépositaire judiciaire, pour être employées à l'acquit des charges de l'hérédité. (*art.* 96 *et* 97, *l. ib.*)

L'ordre des créanciers opposans, auxquels doit payer l'héritier bénéficiaire, est réglé par le juge.

S'il n'existe pas d'opposans, les créanciers et légataires sont payés à mesure qu'ils se présentent. (*art.* 98 *et* 99, *l. ib.*)

L'on voit de quelle importance il est pour les créanciers, et même pour les légataires partiels de se présenter à tems, et de former leurs oppositions en ordre utile, puisque, faute d'opposans, l'héritier bénéficiaire est autorisé à payer les créanciers qui se présentent, à mesure qu'ils s'adressent à lui; de telle sorte que l'ordre et le privilége d'un créancier peuvent être changé et détruit, et qu'un créancier chirographaire, par exemple, peut venir avant le créancier hypothécaire ou privilégié.

Parmi les actes conservatoires, ceux dont il s'agit ici sont peut-être, dans de certains cas, de l'intérêt le plus majeur.

51. Non-seulement le créancier, non opposant, perd son privilége sur les meubles ou sur le prix de tel ou tel immeuble, mais, s'il ne se présente qu'après l'apurement du compte et le paiement du réliquat, il n'a de recours à exercer que contre les légataires; et s'il laisse s'écouler plus de trois ans sans se présenter, à partir du jour de l'apurement du compte et du paiement du réliquat de la part de l'héritier, le créancier n'a plus aucun recours à exercer, (*art.* 99, *l. ib. au c.*)

§. III.

Frais occasionnés pour l'administration de la succession bénéficiaire.

52. Les frais de scellés, d'inventaire et de compte, sont à la charge de la succession. (*art.* 100, *l. ib.*)

Ceux occasionnés pour la vente des meubles et des immeubles, lorsque le cas y écheoit, sont aussi à la charge de la succession.

Les frais faits légitimement par l'héritier bénéficiaire, durant sa gestion, lorqu'il renonce ensuite, dans les délais qui lui sont accordés, sont aussi à la charge de la succession.

Enfin, si des poursuites ont été dirigées contre l'héritier, et en cette seule qualité, lorsque celui-ci justifie qu'il n'y a pas négligence de sa part, les frais de poursuite sont pareillement à la charge de l'hérédité. (*art.* 86, 87 et 89, *l. ib.*)

Dans les chapitres précédens, nous avons considéré les successions, d'après l'hypothèse la plus commune, c'est-à-dire, dans le cas où des successibles se présentent pour occuper la place du décédé. Nous avons vu les précautions indispensables à prendre pour constater positivement l'époque de l'ouverture des droits des successibles, afin de bien déterminer et l'espèce et le nombre de ceux-ci ; nous avons examiné les titres des prétendans à la succession, et posé, après cette première épreuve, les bornes où doit s'arrêter la chaîne des héritiers, dans toutes les situations possibles ; enfin, nous avons fixé les droits partiels de chacun des prétendans admis, et assigné le *quantum* déterminé par la loi. Nous avons de plus indiqué, soit aux héritiers, soit aux créanciers, les formalités conservatoires qu'ils ont respectivement à remplir, les premiers, pour la sûreté de leurs droits ; les seconds, pour le maintien et la conservation des leurs.

Toutes ces règles posées, pour les successions libres, autrement appelées *intestat*, ne complètent point encore le premier livre de cet ouvrage. Si le législateur, en effet, s'était borné à considérer les successions dans l'état d'*occupation* sans intermédiaire, ou sans intervalle, il serait arrivé qu'une certaine classe de biens, ceux provenus de personnes décédées insolvables ou réputées telles, dont les héritiers appelés auraient refusé l'embarras et les charges ; que ces héritages, disons-nous, au grand détriment de l'association et du commerce, seraient restés long-tems sans maîtres apparens, et sans produits réels.

Il a donc fallu considérer aussi les successions, dans le cas de la *vacance*, ou de l'absence d'héritiers. L'administration qui veille pour tous, est la conservatrice la plus naturelle des droits des absens, et la loi a reglé la marche à suivre dans cette circonstance extraordinaire.

Ces règles vont faire l'objet de la section suivante.

Section IV.

Des successions vacantes.

53. Lorsqu'après l'expiration des délais, pour faire inventaire et délibérer, il ne se présente personne qui réclame une succession,

qu'il n'y a pas d'héritier connu, ou que les héritiers connus y ont renoncé, la succession est réputée vacante.

Sur la demande des intéressés, ou à la réquisition du commissaire du gouvernement, le tribunal de première instance du lieu de l'ouverture de la succession, nomme un curateur à la succession vacante. (*art.* 101, 102. *l. d. succ. au c.*)

Le curateur prend la place de l'héritier véritable, et se trouve, par la fiction de la loi, tenu aux mêmes obligations envers les tiers; il fait dresser l'inventaire des effets mobiliers et immobiliers de la succession; fait procéder à la vente des meubles; exerce et poursuit les droits; repond aux demandes formées contre elle, et administre comme le vrai propriétaire, à la charge de faire verser le numéraire disponible, ainsi que celui provenu de la vente du meuble, ou même de celle des immeubles, si elle a été autorisée, dans la caisse du receveur de la régie nationale, pour la conservation des droits de qui il appartiendra. (*art.* 103, *l. ib.*)

54. Le curateur à la succession, est dans

toutes les parties de son administration assi-
milé à l'héritier bénéficiaire : il suit la même
marche pour la faction des inventaires, la reddition des comptes ; il n'est que le gérant provisoire, non plus que l'héritier sous - bénéfice
d'inventaire, et doit comme lui un compte
fidèle à la justice qui l'a commis, ou aux héritiers s'il s'en présente. (*V. le n°.* 49, *sect.*
3, § 2.)

Le curateur, à la succession vacante, est
tenu, de même que l'héritier bénéficiaire, des
fautes graves dans l'administration, et n'est tenu
que de celles de ce genre. (*V. le n°.* 49.)

Les formes pour la reddition des comptes,
et les autres actes sont déterminées au code de
la procédure civile, et les anciennes, établies
par l'ordonnance, suivies jusqu'à la publication
de ce code.

CHAPITRE IV.

PARTAGES ET RAPPORTS.

SECTION PREMIÈRE.

Action en partage.

§. Ier.

TOUTE succession recueillie par plus d'un héritier, se partage, selon les droits de chacun des appelés. Pour arriver à ce partage, en supposant que leurs droits à la succession soient suffisamment établis, il faut liquider la masse de l'hérédité, voir ce qui reste de disponible en faveur des co-successibles, déterminer et former des parts, et préalablement procéder à un état ou inventaire, à des prisées et estimations, des diverses sortes de propriétés qui composent la succession : ce sont tous ces divers travaux préparatoires, qui doivent précéder nécessairement la mise en possession de chacun des co-héritiers, dont nous allons nous occuper dans ce chapitre.

55. Tout co-héritier a droit de réclamer le partage des biens auxquels il a succédé, concurremment avec d'autres ; en d'autres termes, nul ne peut être contraint à rester dans l'indivision.

La convention libre par laquelle les co-propriétaires seraient demeurés d'accord de suspendre le partage durant un tems limité, n'est obligatoire que pour les cinq années qui la suivent, sauf aux parties indivises à la renouveler.

Cela posé, il en découle naturellement que le partage peut être demandé dans tous les cas, même quand l'un des co-héritiers aurait joui séparément de partie des biens de la succession, s'il n'y a acte de partage, ou prescription acquise par possession suffisante. (*art.* 105 *et* 106, *l. des succ. au code.*)

L'intérêt public étant de voir se succéder, le plus rapidement possible, les propriétaires les uns aux autres, la loi, pour que chacun jouît promptement de sa chose, a déclaré que nul ne peut être tenu à rester dans l'indivision ; afin que l'homme de bonne foi ne devienne pas la victime du fripon, ou que le faible ne soit opprimé par le fort. Nous savons assez qu'il est des êtres dans la société auxquels il serait difficile d'arracher le consentement à un partage, si son exécution pouvait dépendre entièrement de leur volonté; l'héritier adroit et intéressé commencerait par se mettre en possession des héritages les plus précieux, et trouvant ensuite plus commode de jouir lui-même que de laisser jouir autrui, par une certaine force d'inertie trop commune dans la classe des gens de mauvaise foi, ou par des chicanes tortueuses, parviendrait sans peine à faire traîner en longueur des opérations dispendieuses, pour lesquelles de simples co-propriétaires de légères portions n'auraient souvent pas les facultés de faire les avances nécessaires. Ainsi, le but de la loi serait manqué, et le puissant protégé contre le faible; ce qui renverse toutes les idées de justice et de raison.

Au lieu de cela, tout co-partageant, en cas de mauvaise volonté de la part d'un ou de plusieurs de ses co-héritiers, peut se pourvoir en action de partage devant le tribunal du lieu de l'ouverture de la succession, qui est chargé de statuer sommairement sur sa demande. (*art.* 112, 113, *l. ib. au c.*)

Si

56. Si c'est l'intérêt de mineurs ou d'interdits qui provoque le partage d'une succession , leurs tuteurs ou curateurs, autorisés spécialement par un conseil de famille, comme pour toutes les autres actions judiciaires, exercent en leur nom les poursuites exigées.

Les parens, provisoirement envoyés en possession dans les cas prévus par la loi des absens , au code, exercent, comme les tuteurs, l'action en partage, toutes les fois qu'ils le jugent convenable.

Le mari, lorsqu'il y a communauté entre les époux, peut, pour tout ce qui tombe dans la communauté, provoquer, sans le concours de sa femme, le partage des meubles et immeubles.

Ce privilége accordé au mari, comme maître de la communauté, repose sur le fondement que le chef de l'association conjugale est présumé devoir connaître mieux que la femme les véritables intérêts de la communauté.

Mais en cas de non communauté, quelle que soit la présomption en faveur des lumières du mari, le législateur ne lui accorde plus le même privilége; le mari ne peut provoquer aucun partage sans le concours de la femme, pour tout ce qui ne tombe pas dans la com-

Code des Success. An XI. D

munauté. Seulement, s'il a le droit de jouir des biens non-communs, il peut demander qu'il soit procédé à un partage provisionnel. (*art.* 107 *et* 108 *, l. ib.*)

Les co-héritiers de la femme ne peuvent provoquer le partage définitif qu'en mettant en cause les mari et femme.

§ I I.

Apposition de scellés.

57. L'apposition* des scellés sur les effets d'une succession ouverte, est un de ces actes qu'indique la loi pour la conservation entière des droits de chacun.

Elle est faite à la réquisition des intéressés s'ils le demandent, et s'ils sont présens; en cas d'absence, ou lorsqu'il se trouve, pour la partie ou pour le tout, des mineurs ou des interdits au nombre des successibles appelés, le scellé est apposé d'office, soit par le juge de paix du lieu de l'ouverture de la succession, soit à la diligence du commissaire du gouvernement près le tribunal de première instance. (*art.* 109, *l. ib.*)

Nota. C'est ordinairement le juge de paix qui appose d'office, ou autrement, les scellés sur les objets qui peuvent le comporter. On sent en effet que s'il fallait, dans toutes les circonstances, attendre l'ordonnance du commissaire du gouvernement pour cette opération, toutes les fois qu'une succession serait ouverte dans une campagne, à un certain éloignement du lieu de la résidence du tribunal de l'arrondissement, il s'écoulerait un tems considérable, avant que le commissaire du gouvernement pût être informé de l'ouverture d'une succession, tems pendant lequel celle-ci pourrait être dépouillée de ses effets les plus précieux.

58. Lorsque tous les héritiers sont majeurs et présens, l'apposition de scellés devient inutile, et le partage a lieu dans la forme et par tel acte que les parties intéressées jugent convenable.

Les créanciers peuvent aussi requérir l'apposition des scellés, en vertu d'un titre exécutoire, ou d'une permission du juge.

Tout créancier intéressé peut former opposition après l'apposition du scellé, sans titre exécutoire ni permission de juge. (*art.* 110 *et* 111, *l. ib.*)

La loi distingue entre les qualités exigées du créancier pour former opposition, et les qualités exigées de lui pour requérir l'apposition des scellés. Le simple prétendant droit, peut former opposition; mais celui-là seul qui a des reprises assurées et liquides peut requérir l'appositon des scellés; droit, en effet, qui doit n'appartenir qu'aux héritiers successibles, ou aux créanciers certains de la succession.

La réquisition faite par l'héritier ou le créancier certain pour faire procéder à l'apposition de scellés se fait par le mode simplement verbal; mais l'apposition ne peut être faite que par un acte extrajudiciaire, dans les formes accoutumées pour tous les actes conservatoires en général.

Section II.

Mode de partage.

§ Ier.

Estimation et lotissage.

59. L'estimation qui doit être faite des immeubles avant de procéder au partage, est confiée à des experts, choisis par les parties intéressées, ou, à leur refus, nommés d'office par le tribunal de première instance.

Le mode de se pourvoir pour la nomination judiciaire de ces experts se trouvera fixé, comme tout ce qui tient aux formes, par le code de la procédure ; et en attendant, le pourvoi doit être fait par une simple citation, donnée à la requête de la partie la plus diligente, aux autres parties intéressées à comparaître à l'audience du tribunal de première instance, pour y faire choix d'un ou plusieurs experts, ou, à leur défaut, pour en voir nommer d'office.

Le tribunal doit prononcer sommairement, en donnant acte des nominations d'experts faites par une ou plusieurs des parties intéressées, et en en nommant pour celles qui font défaut, ou qui refusent d'en nommer pour elles. (Voyez en tête du chapitre IV, n°. 55.

Les procès-verbaux d'experts doivent présenter les bases de l'estimation, et indiquer si l'objet estimé peut-être commodément partagé et de

Nota. Parmi les modèles des principaux actes relatifs aux successions, aux transmissions et partages, que nous nous proposons de donner à la fin de cet ouvrage, se trouvera celui de la citation en action de partage, ainsi que celui de la citation pour la nomination d'experts.

quelle manière ; déterminer enfin chacune des parts qui peuvent être formées , et leur valeur positive, dans le cas où la division est jugée convenable ou nécessaire. C'est ce qui s'appèle *lotissage.* S'il n'existe pas d'estimation de meubles, ou de prisée faite dans un inventaire régulier, elle se fait par gens à ce connaissant, à juste prix et sans crue. (*art.* 114 *et* 115, *l. ib.*)

Par *gens connaisseurs,* on entend les personnes de l'art pour les diverses parties d'objets qu'il est nécessaire d'évaluer : ainsi , lorsqu'il s'agit de l'appréciation d'un mobilier considérable, les officiers ministériels ou de justice, chargés de la rédaction des inventaires et procès-verbaux, doivent faire appeler autant d'ouvriers ou artistes différens qu'il y a de classes diverses d'objets à évaluer. Il en doit être de même pour les évaluations nécessaires à faire des dégradations existantes dans les bâtimens, bois et autres propriétés, toutes les fois qu'on est appelé à constater l'état des lieux, en faisant inventaire après l'ouverture d'une succession.

Dans les grandes villes , il se peut qu'un architecte suffise à toutes ces opérations compliquées ; mais, à la campagne, où, en général, les connaissances sont moins répandues, il est rare de rencontrer un ouvrier qui s'entende dans deux ou plusieurs parties différentes. Pour ne s'exposer donc à aucune méprise grave, il sera mieux de s'adjoindre des personnes versées dans chaque partie.

Chaque co-héritier, toutes estimations et opérations préliminaires faites, peut demander la délivrance de la part qui lui revient dans la succession, tant en meubles qu'immeubles en nature et telle qu'elle existe, sauf le cas où la majorité des co-héritiers juge la vente nécessaire, pour l'acquit des dettes de la succession ; ou, encore, sauf le cas où les créanciers saisissans ou opposans exigent cette vente. Alors, les meubles sont vendus les premiers publiquement et en la forme ordinaire, et les immeubles ensuite. (*art.* 116, *l. ib.*)

Les immeubles, s'ils ne peuvent être partagés commodément, doivent être vendus par licitation devant le tribunal ; à moins que les parties, si elles sont toutes majeures, ne consentent de préférence à faire faire la licitation par un notaire, dont elles peuvent s'accorder entr'elles. (*art.* 117, *l. ib.*)

Les ventes qui sont faites par licitation sont précédées d'affiches, à la manière accoutumée. Pour tout ce qui est de forme, il faut se reporter sans cesse, en esprit, au code de la procédure.

60. Si les parts inégales ont été faites et prélevées en nature, l'opération se termine là ; mais s'il existe plusieurs co-partageans qui aient droit à des parts égales, il est nécessaire d'adopter un mode pour assigner tels ou tels lots, à chacun d'eux en particulier. La voie, indiquée par la loi, toutes les fois que les co-héritiers ne peuvent s'accorder sur la distribution des parts, est celle du sort, qui étant par lui-même très-arbitraire, ne laisse aucun regret, aucun sujet de plainte. (*art.* 124, *l. ib. au c. n°.* 62.)

Dans tous les cas, soit qu'on procéde devant un commissaire judiciaire, ou devant un officier convenu, avant de passer à la fixation et au tirage des lots, il est indispensable de faire les liquidations de frais, les prélèvemens des créances privilégiées, les remboursemens d'avances faites par un ou plusieurs des co-héritiers ; pour que, toutes ces charges arrêtées et déterminées, la masse de la succession liquide, sur laquelle seule reposent les droits des successibles, se trouve irrévocablement fixée, et que l'on puisse procéder en définitif à la formation des lots et aux fournissemens à faire à chacun des co-partageans.

Pour terminer ces dernières opérations, le juge commissaire, dans le cas de licitation judiciaire, renvoie les parties devant un notaire, dont elles conviennent entr'elles, ou qu'il nomme d'office, en cas de difficultés.

Les experts, lorsqu'ils en ont reçu le pouvoir des parties, assignent eux - mêmes les lots à chacun ; sur-tout lorsque ces lots, étant différens entr'eux, ne pourraient plus être distribués par le sort.

En général, il importe beaucoup de confier les opérations dont nous nous occupons, à des hommes probes et intelligens, capables de donner à chaque sorte de propriété sa juste valeur, et de procéder avec intégrité à la fixation des lots.

Les procès-verbaux de partage doivent aussi faire mention de toutes les sujétions anciennes ou nouvelles qu'auront à supporter les héritages, afin de tarir, dans leur principe, les sources des procès nombreux auxquels donnent naissance les difficultés qui s'élèvent trop souvent entre les nouveaux propriétaires.

61. Dans la formation et composition des

lots, on doit éviter, autant que possible, de morceler les héritages et de diviser les exploitations. La loi recommande à l'expert de faire entrer, s'il se peut, dans chaque lot, même quantité de meubles, d'immeubles, de droits ou de créances de même nature et valeur. L'inégalité des lots se compense par un retour, soit en rente, soit en argent. (*art.* 122 *et* 123, *l. ib.*)

Il est essentiel que les experts chargés de la composition des lots, se pénètrent bien de l'obligation qui leur est imposée de distribuer avec discernement autant qu'il est en leur pouvoir, entre les parts diverses et au *prorata* de leur masse, les meubles, immeubles, droits et créances dont se compose la succession. Dans telle circonstance, il n'y a de liquide dans la succession que la propriété de certains meubles, de certaines créances ; dans d'autres, au contraire, les creances sont douteuses et les meubles passés ou de peu de valeur ; pendant que les propriétés immobilières, dégagées de toute hypothèque et en bon rapport, sont les seules qui donnent un produit net et réel.

Ainsi, dans telle ou telle circonstance, si les propriétés ne se trouvaient heureusement combinées entr'elles, et dispensées avec justice et connaissance de cause, il n'y aurait aucune proportion entre deux parts, que la loi a prescrit de-former égales.

§ I I.

Distribution des lots.

62. Les lots, une fois établis par les procès-verbaux, sont distribués au sort, au cas où les successions se trouvent libres. *(art.* 124, *l. des success. au c.)*

Dans le cas, le plus ordinaire, où les successions sont grevées de créances passives et d'autres charges quelconques, avant d'établir les lots, il est nécessaire de faire toutes les réductions, tous les prélèvemens dont il a été parlé.

Chaque co-partageant peut, avant le tirage, proposer ses réclamations sur la composition et la formation des lots.

S'il arrive que sur ces réclamations les parties-prenantes ne puissent s'accorder, le notaire dresse procès-verbal des dires et prétentions respectifs, et renvoie les parties à se pourvoir devant les juges compétens. (*art.* 125 *et* 127, *l. ib.*) (Nous avons vu que les juges compétens en cette matière sont ceux du tribunal de première instance du lieu de l'ouverture de la succession.)

63. Toutes les fois que le nombre des cohéritiers présens n'est pas complet, ou que, parmi eux, il se rencontre des interdits ou des mineurs, même émancipés, les partages doivent être faits d'autorité de justice, en présence d'un commissaire ou d'un officier public, délégué par le tribunal ; les absens, mineurs ou interdits, dûment représentés, ou assistés de leurs tuteurs et curateurs ; et ces derniers préalablement autorisés par un conseil de famille, comme il a été prescrit pour le cas d'actions à exercer au nom des mineurs, n°. 56.

S'il y a plusieurs mineurs qui aient des intérêts opposés, il doit, à chacun d'eux, être donné tuteur spécial ou particulier.

Faute d'avoir rempli ces formalités, en tout ou en partie, les partages faits avec les mineurs, interdits ou absens, ne sont que provisionnels ; ils sont définitifs, si les formalités ont été observées.

Lorsqu'il y a lieu à licitation, dans les cas ci-dessus prévus, elle ne peut être faite qu'en justice, avec les formalités prescrites pour l'aliénation des biens des mineurs.

Les étrangers y sont toujours admis. *(art.* 128, 129, *l. ib.)*

64. La loi accorde aux co-héritiers le droit exclusif de retenir en nature les parts qui leur sont dévolues, et d'écarter tout cessionnaire qui ne viendrait à partage qu'au lieu et place d'un co-héritier ou d'un successible appelé, fût-il même parent du défunt, en désintéressant le cessionnaire par le remboursement du prix de la cession, et supposition faite que ce prix soit réel et sans aucune idée de fraude : sans laquelle condition serait manqué le but de la loi, qui a voulu conserver aux héritiers naturels la propriété des biens du décédé, par préférence aux étrangers.

Ce privilége d'exclusion est accordé à un des co-héritiers en particulier, comme à plusieurs réunis, ou à tous en commun.

Notre objet, comme on s'en sera sans doute déjà aperçu, et comme on pourra le remarquer constamment dans la suite de cet ouvrage, n'est pas de donner des réflexions, au lieu du texte positif de la loi; cependant, nous pourrons, en passant, faire observer ici que cette disposition en faveur des parens du défunt, tient à l'idée que se sont faite les législateurs, du besoin d'accorder quelque faveur à la conservation de la famille, sans pousser trop loin cette prérogative.

§ I I I.

Opérations qui suivent les partages.

6 5. Le partage étant opéré, chacun des cohéritiers se met de plein droit, en possession de la part qui lui a été assignée, sans qu'il soit besoin d'aucun acte de prise de possession, ou autres analogues : il devient propriétaire, par le seul fait de la rédaction du procès-verbal qui constate le tirage des lots. (V. le n.° 4, p. 7.)

Les titres concernant les propriétés divisées, sont remis à chacun des nouveaux propriétaires, soit par l'officier public qui les retire de sous les scellés, soit par l'héritier bénéficiaire ou autre qui s'en trouve le détenteur.

Si, par l'effet de la division, le titre qui ne compétait d'abord qu'à un seul propriétaire devient désormais commun à deux ou plusieurs, il reste à celui auquel est échue la plus grande part, à la charge par ce dernier d'en aider ceux de ses co-partageans qui pourraient en avoir besoin, toutes les fois qu'ils l'en requerront.

Quant aux titres communs à tous les héritiers, la remise en est faite à celui d'entr'eux qu'ils choisissent pour en être le dépositaire, à la charge également par celui-ci d'en aider les co-partageans, à toute réquisition.

Les difficultés qui peuvent s'élever à cet égard, comme celles qui ont pour origine le partage d'une succession, sont réglées par le juge, commissaire, ou même par le tribunal lui-même, si les circonstances, par leur importance, étaient de nature à faire abstenir le juge. (*art.* 132, *l. des succes. au c.*)

Le nouveau propriétaire signifie, s'il est nécessaire, ou s'il le juge convenable, à tout usufruitier, rentier, possesseur ou prétendant droits, colon ou fermier, le titre qui établit sa nouvelle qualité.

Cette notification le met en rapport avec tous ceux qui peuvent avoir quelqu'intérêt à connaître le propriétaire ; elle peut arrêter ou suspendre l'effet des prescriptions des droits afférens au défunt, etc.

Section III.

RAPPORTS.

§ Ier.

Règles du rapport.

66. Pour tracer les règles du rapport, lorsqu'il doit précéder le partage d'une succession, nous serons obligés de supposer, pour un instant, l'exercice de la faculté de disposer de ses biens, exercice que nous n'avons point considéré jusqu'à présent, nous étant exclusivement tenus dans la catégorie des successions libres, c'est-à-dire, de celles dans lesquelles les personnes n'ont laissé aucune trace de leur volonté.

Maintenant, en suivant l'ordre adopté par le législateur même, nous placerons ici la section qui doit servir à exposer les bases sur lesquelles devront désormais se régler les rapports entre co-héritiers, quoique sa place naturelle eût été marquée à la suite du livre consacré aux règles sur les actes rémunératoires.

67. Le rapport suppose nécessairement libéralité, antérieure à l'ouverture de la succession.

Le rapport est la restitution à la masse de la
portion qui a été prélevée par un co-héritier :
le produit de cette restitution s'amalgame avec les
autres biens existans au jour du décès du défunt,
pour former la masse totale sur laquelle ont
des droits égaux ou inégaux tous les successibles,
appelés par la loi ou par la volonté du défunt.

Cette courte définition suffit à ceux qui ne
seraient pas familiarisés avec le langage de la
jurisprudence, pour leur donner une idée précise et nette de ce qu'on entend par *rapport*.
Quant aux hommes instruits, les définitions
sont pour eux inutiles, mais ils les tolèrent en
faveur de la méthode nécessaire, dans les ouvrages élémentaires, sur-tout dans les sciences
positives, et plus encore en faveur de ceux qui,
moins éclairés, y cherchent une instruction
qu'ils n'ont pas.

68. Le rapport est dû, à moins que les dons
et legs n'aient été faits expressément par préciput
et hors part, ou avec *dispense du rapport :*

Par tout héritier, même bénéficiaire, venant
à une succession, de tout ce qu'il a reçu du
défunt, par donation entre-vifs.

Par *donation*, la loi entend même les dons et legs faits directement ou indirectement au successible. *(art.* 133, *l. des success. au c.)*

Il est dû pour tout ce qui a été employé à l'établissement d'un des co-héritiers, ou au paiement de ses dettes. *(art.* 141, *l. ib.)*

69. Le rapport n'est point dû pour les frais de nourriture, entretien, éducation, apprentissage, frais ordinaires d'équipement, de noces et présens d'usage ;

Pour les profits que l'héritier a pu retirer de conventions passées avec le défunt, si elles ne présentaient aucun avantage indirect lorsqu'elles ont été faites ;

Pour les associations, faites sans fraude, entre le défunt et ses héritiers, lorsque les conditions en ont été réglées par un acte authentique. *(art.* 142, 143, 144, *l. ib. au c.)*

Ainsi, la loi établit une ligne de démarcation certaine entre les biens sujets à rapport, et ceux qui ne le sont pas ; tout ce qui n'était pas dû par le défunt, en sa qualité de père ou autrement, et qui n'a été que libéralité pure de sa part, ne doit pas être perdu pour les autres successibles.

Toutes les avances, au contraire, qui n'ont

été faites à l'enfant ou à un autre successible, que pour l'élever, l'instruire, lui procurer un état, ou un métier ; ou enfin, pour lui fournir ses équipemens ordinaires : ou bien les profits que peut avoir retiré le successible, par l'effet de son industrie, à la suite de conventions passées entre lui et le défunt, ou par suite d'associations faites avec lui, c'est-à-dire, tout ce qui lui était dû, comme uni par les liens du sang au décédé ; ou tout ce qui n'appartient qu'à lui et à ses moyens propres, n'est point sujet à rapport.

§ II.

Cas particulier touchant les rapports.

70. L'immeuble qui a péri par cas fortuit, sans la faute du donataire, n'est pas sujet à rapport. (*art.* 145, *l. ib.*)

Ceci doit s'entendre sur-tout des choses mobilières, qui peuvent périr, ou facilement disparaître. Ainsi, un troupeau de bœufs, qui aura été donné, et qui ensuite aura péri par une épidémie, ou par un accident quelconque, indépendant de la volonté du donataire, ne sera pas sujet à rapport.

Il en sera de même des meubles et effets volés;

lorsque le vol a été constaté, et les coupables punis, c'est-à-dire, lorsqu'il ne peut plus exister aucun doute sur la vérité du fait. Une bibliothèque, des tableaux, consumés par le feu ; une maison écroulée ou ruinée par un incendie, une inondation, ou autres cas de force majeure, ne sont pas sujets à rapport.

§. III.

Par qui est dû le rapport.

71. Comme il n'est pas au pouvoir du donateur de dépasser les bornes qui lui ont étéas signées par la loi, en dispensant du rapport ceux à qui il fait des libéralités, l'héritier donataire ne peut, au partage de la succession de son bienfaiteur, se dispenser du rapport, pour les dons et legs qui lui ont été faits, que jusqu'à concurrence de la quotité disponible : l'excédent est sujet à rapport. (V. le liv. II, des régles qui régissent les successions testamentaires, *art.* 134, *l. ib.*)

L'héritier qui renonce, à la succession peut cependant retenir les dons entre-vifs, ou réclamer les dons à lui faits, jusqu'à concurrence de la portion disponible. *(art.* 135 *, l. ib.)*

72. Le donataire qui n'était pas héritier présomptif lors de la donation, et qui se trouve successible au jour de l'ouverture de la succession, doit rapport, si le donateur ne l'en a dispensé.

L'effet de la dispense du rapport, comme on l'a déjà vu au nombre 71, ne peut, dans aucun cas, s'étendre au-delà de la quotité des biens déclarés disponibles par la loi des testamens et donations au code. Cette conséquence es forcée ; autrement, en donnant avec dispense de rapport, le donateur pourrait épuiser la totalité de sa succession, et éluder la loi, qui met des bornes à ses libéralités.

Les dons et legs faits au fils de celui qui se trouve successible au jour de l'ouverture de la succession, sont *toujours* réputés faits avec dispense de rapport; ensorte que le père venant à la succession du donateur, n'est pas tenu de les rapporter.

Les dons de cette espèce se rencontrent soit dans les testamens, soit dans les contrats de mariage, dans lesquels des parens collatéraux ou autres, ont fait certaines libéralités à un ou à plusieurs enfans à naître des nouveaux époux.

Réciproquement le fils, venant de son chef

à la succession du donateur, ne rapporte pas le don fait à son père, même dans le cas où il aurait accepté la succession de ce dernier. Il en est autrement lorsque le fils vient par représentation; alors, il doit rapporter ce qui a été donné au père, même au cas où il aurait répudié sa succession. *(art.* 138, *l. ib.)*

Cette distinction repose toujours sur ce principe, que le rapport n'est fait que par celui-là même qui a été l'objet de la libéralité, ou par ceux qui le représentent dans le partage des successions auxquelles il est appelé.

Ce système, établi par le code actuel, n'est pas difficile à saisir; cependant, nous estimons qu'on ne trouvera pas inutile de le voir exposé ici dans une application ordinaire.

Michel de l'Hôpital, père de trois enfans, laisse par sa mort sa succession à deux enfans encore existans, et à un petit enfant provenu d'un troisième fils prédécédé, nommé Léon.

Léon de l'Hôpital avait reçu en se mariant, en avancement de part héréditaire, et sans *dispense* de rapport, un domaine en propriété, de la valeur de 50,000 fr.; il est évident que le fils de Léon venant, par *représentation* de son père, à la succession de Michel son aïeul, conjointement avec ses deux oncles, est tenu au rapport du domaine donné à Léon en nature, s'il existe encore dans ses mains, ou en moins prenant, si cette propriété en est sortie. (*V. le n°. 74.*) Il en serait autrement s'il s'agissait d'un don fait à Léon par un parent collatéral, à la succession duquel viendrait le fils de Léon, de son chef : *puta*, un oncle mort sans enfans ; alors le fils de Léon ne serait plus tenu de rapporter le don fait à son père. *(art. 138.)*

Actuellement, si nous supposons que ce soit au fils de Léon lui-même que Michel, son aïeul, ait fait le don du domaine dont s'agit ; à la mort du donateur, Léon venant à la succession de son chef, n'est pas tenu de rapporter, le don eût-il même été fait sans dispense de rapport, parce qu'il l'a été à un autre qu'à lui ; parce que le don ou legs fait au fils de celui qui se trouve successible à l'ouverture de la succession, est toujours réputé fait avec *dispense* de rapport. (*art.* 137.)

Nous ne pousserons pas plus loin ces développemens.

73. Les dons et legs faits au conjoint d'un

époux successible, sont réputés faits avec dispense de rapport.

Si des dons et legs avaient été faits conjointement à deux époux, dont un seulement est successible, celui-ci n'en doit rapporter que la moitié ; mais si les dons sont faits à l'époux successible en seul, en supposant toujours l'absence de la dispense du rapport, le successible les doit rapporter en entier. *(art.* 139, *l. ib.*)

Ceci n'est susceptible d'aucune difficulté : on voit toujours le donataire successible seul tenu au rapport, et jamais le donataire, étranger à la succession.

§ IV.

Personnes auxquelles est dû le rapport.

74. Le rapport ne se fait qu'à la succession du donateur.

Il est dû par le co-héritier à son co-héritier, et non au légataire ou aux créanciers de la succession. *(art.* 140, 147, *l. des success. au c.)*

La principale circonstance à remarquer dans les deux articles précédens, c'est que le rapport

n'est

n'est fait qu'en faveur des héritiers, et non en faveur des légataires ou des créanciers.

Toutes les fois qu'il n'existe que des legs ou des créances sur la succession, on prélève sur la masse restante le prix de ces legs et créances ; et, si cette masse restante ne peut suffire aux fournissemens à faire aux légataires et créanciers, les legs sont réductibles, d'après les bases indiquées par la loi. Les créances, si elles sont hypothécaires, suivent le fond sur lequel elles reposent ; si ce sont simplement des créances ordinaires, elles sont réparties au centime le franc, sur les part-prenans à l'hérédité, en raison de ce qu'ils y prennent, sans que les biens donnés changent de destination.

§ V.

Règles observées à l'égard de ceux qui rapportent.

75. Le rapport se fait en nature, à l'égard des immeubles, toutes les fois que l'objet donné n'a pas été aliéné par le donataire, et qu'il n'existe pas dans la succession d'immeubles de même nature, valeur et bonté, dont on puisse former

des lots, à-peu-près égaux, pour les autre co-héritiers.

Le rapport se fait en moins prenant, lorsque l'immeuble donné se trouve aliéné avant l'ouverture de la succession, et, en ce cas, il est dû de la valeur de cet immeuble au moment de cette ouverture. (*art.* 149 *et* 150, *l. ib.*)

Quoique le texte de la loi soit ici bien clair et bien positif, il peut cependant arriver des circonstances qui rendraient l'application de la lettre très-difficile, pour ne pas dire impossible.

Le donataire se trouve éloigné du lieu du décès du donateur ; la succession s'ouvre à son insu ; il peut se faire qu'il ait vendu postérieurement à cette ouverture : la vente n'en sera pas pour cela nulle, car le vendeur et l'acheteur ont été de bonne foi. Il faut nécessairement, alors, considérer la vente comme si elle avait été antérieure au décès du donateur, et admettre à compensation le donataire tenu au rapport.

Une question plus importante, qui tient encore à la situation où nous avons placé le donataire, est celle de savoir ce qui arrivera dans le cas où celui-ci, quoique savant de l'ouverture de la succession, aura aliéné l'immeuble ou partie de l'immeuble donné et sujet à rapport. La vente sera-t-elle nulle, si d'ailleurs toutes les conditions pour la perfection du contrat ont été remplies ? Cela ne se peut pas ; car le donataire pouvait ignorer que l'immeuble dont il était propriétaire serait sujet à rapport ; un cohéritier auquel le rapport est dû pouvait être absent, et la mauvaise foi ne se présume pas.

Il est vrai que, si le donataire se trouve solvable, l'on peut dire que ce sera contre lui qu'aura son action en garantie l'acheteur. Mais, d'abord, aucun texte de loi ne déclare une vente nulle, par la seule raison qu'elle a été faite par un donataire, après l'ouverture de la succession à laquelle avait appartenu l'immeuble vendu ; et, ensuite, il serait injuste que l'acheteur de bonne foi, qui aurait acquis et fourni le prix, ignorant l'ouverture de la succession, fût puni d'une faute qui n'est pas la sienne, sur-tout si son vendeur n'avait d'autres propriétés que l'immeuble aliéné. Il faut donc nécessairement, dans ce second cas, admettre le donataire à compensation, comme si l'immeuble avait été aliéné avant l'ouverture de la succession. Une seule exception peut être apportée à ce que nous venons de dire : c'est la circonstance d'une mauvaise foi évidente, et d'une collusion entre le vendeur et l'acheteur.

E 2

76. Si le rapport est fait en nature, il est tenu compte au donataire rapportant, comme à tout dépositaire ou détenteur qui remet la chose déposée, des impenses qui ont amélioré la chose, eu égard à ce dont sa valeur se trouve augmentée au tems du partage.

Il lui est aussi tenu compte des impenses nécessaires faites pour la conservation de la chose, encore qu'elles ne l'aient améliorée. De son côté, le donataire doit compte des dégradations et détériorations provenues de son fait, de sa faute ou de sa négligence.

Les améliorations ou dégradations sont comptées à l'acquéreur des biens donnés, comme au donataire lui-même. (*art.* 151 , 152, 153 *et* 154, *l. ib. au c.*)

77. Le cohéritier, qui fait le rapport d'un immeuble en nature, peut en retenir la possession jusqu'au remboursement effectif des sommes à lui dues, pour impenses ou améliorations constatées et allouées. (*art.* 157, *l. ib.*)

Le législateur a prévu que l'immeuble, une fois sorti des mains du donataire, il serait difficile à celui-ci de récupérer ses avances, et il l'a autorisé à conserver la possession de l'immeuble, jusqu'à son entier remboursement.

78. Les biens rapportés en nature se réunissent à la masse de la succession, francs de toutes charges créées par le donataire : et cela doit être ainsi, sans quoi les rapports ne pourraient manquer d'être souvent illusoires. Toutefois, les créanciers ayant hypothèque, peuvent intervenir au partage pour s'opposer à ce que les rapports se fassent en fraude de leurs droits. *(art.* 155, *l. ib.)*

Le parti le plus sûr, c'est d'éviter de compromettre ses intérêts avec les possesseurs de biens donnés, sans dispense de rapports, lorsqu'ils ne peuvent pas offrir d'ailleurs une garantie suffisante. Cependant, il faut ajouter, pour ne pas jeter dans les esprits une défiance toujours funeste au commerce et à l'industrie, que celui qui rapporte à la masse d'une succession doit infailliblement prendre une portion, à-peu-près égale à celle qu'il a rapportée; rarement une plus faible, et presque toujours une plus forte.

79. En raison du prompt usage et du facile dépérissement de tout ce qui est meuble, le

rapport du mobilier n'a lieu qu'en moins prenant; l'évaluation est faite sur le pied de la valeur du mobilier à l'époque de la donation, d'après l'état estimatif qui doit être annexé à l'acte; au défaut d'état, la prisée est faite par experts, à juste prix et sans crue.

Le rapport de l'argent donné se fait, d'abord en moins prenant dans le numéraire de la succession, et, en cas d'insuffisance, par l'abandon de la part du donataire, de sa portion du mobilier; ou, à défaut de celui-ci, d'une portion d'immeuble jusqu'à due concurrence. *(art.* 158 *et* 159, *l. ib.)*

Le donataire peut aussi rapporter en numéraire, s'il le juge à propos.

80. Dans le cas de rapports d'immeubles donnés avec dispense de rapport, lorsque la donation se trouve excéder la portion disponible, il doit arriver, ou que l'excédent est de plus de moitié de l'immeuble donné, ou qu'il est de moins de moitié.

Dans la première hypothèse, le donataire rapporte l'immeuble en totalité, sauf à lui, à prélever, sur la masse, la valeur de la portion disponible.

Dans la seconde hypothèse, le donataire peut retenir l'immeuble en totalité, sauf à moins prendre, et à récompenser ses co-héritiers en argent ou autrement, c'est-à-dire, en même nature d'immeubles, autant que faire se peut. (*art.* 156.)

Si l'excédent peut être retranché commodément dans tous les cas, il est détaché de la portion des biens donnés, et rapporté en nature. (*art. ib.*)

Nous venons de voir tout ce qui a trait aux rapports dans les successions ; la section suivante sera consacrée à ce qui touche la liquidation des successions et l'acquittement de leurs dettes.

Section IV.

LIQUIDATION DES SUCCESSIONS.

§ I.er

Paiement des dettes ; charges des heritiers.

81. Le principe général en fait de paiemens des dettes d'une succession quelconque, partagée par plusieurs co-héritiers, est que chacun

d'eux doit entrer dans l'acquit des dettes, pour la même raison qu'il entre dans le partage et l'émolument.

Le légataire à titre universel contribue avec les héritiers au prorata de ce qu'il a recueilli. Le légataire particulier, au contraire, n'est point tenu des dettes, et prend la chose léguée, franche de toutes charges, tant qu'elle n'excède pas la portion disponible du donateur; sauf, toutefois, l'action *hypothécaire*, sur l'immeuble légué, si le legs a pour objet un immeuble. (*art.* 160 *et* 161, *l. ib.*)

82. Si les immeubles de la succession sont grévés de rentes, par hypothéque spéciale, il est loisible à chacun des co-héritiers, d'exiger que les rentes soient remboursées, et les immeubles rendus libres avant la formation des lots.

Si la succession se partage dans l'état où elle se trouve, l'immeuble grévé est estimé au taux des autres, et déduction est faite des capitaux de la rente sur le prix total.

L'héritier, dans le lot duquel tombe l'immeuble grévé, reste seul chargé du service de la rente, et doit en garantir ses co-héritiers.

§ II.

Garantie des co-héritiers entr'eux.

83. Le co-héritier ou successeur à titre universel qui, par l'effet de l'hypothéque, se trouverait avoir payé au delà de sa part de la dette commune, se fût-il même fait subroger aux droits des créanciers, n'a de recours contre les co-héritiers ou successeurs à titre universel, que pour la part due par chacun personnellement.

Autre chose est, s'il s'agit d'un héritier bénéficiaire, qui conserve la faculté de réclamer, comme tout autre créancier, le paiement de sa créance personnelle. (*art.* 165, *l. ib. au c.*)

Il est donc bien essentiel, pour le simple co-héritier, ou même pour l'héritier à titre universel, d'exiger, comme il en a le droit, que les prélèvemens de rentes et autres créances hypothécaires soient faits avant le partage; s'il consent à se mettre en possession des héritages grévés, le voilà tombé sous la main des créanciers, qui ont droit de poursuivre contre lui le paiement de leurs créances, ou le remboursement de leurs rentes, même par la voie de l'expropriation forcée, sans que, pour cela, lui co - héritier ou successible individuel, acquierre d'autres droits contre ses co-héritiers, que celui de les poursuivre personnellement, chacun pour ce qui le concerne, et sans espoir de répéter contre eux, même s'ils se trouvent solvables, qu'une très-faible partie des frais qu'il aura été obligé d'avancer.

D'un autre côté, il est vrai, cette disposition de la loi empêche toute cession frauduleuse de la part d'un créancier en faveur d'un co - héritier ; espèce de contrat, qui, sous l'empire de nos anciennes lois, avait l'effet d'imposer comme une sorte de solidarité féodale.

Le légataire particulier qui acquitte la dette dont est grévé l'immeuble légué, demeure, au contraire, subrogé aux droits du créancier contre les héritiers et successeurs à titre universel. (*art.* 164, *l. ib.*)

En cas d'insolvabilité de l'un des co-héritiers, ou successeurs à titre universel, sa part dans la dette hypothécaire est répartie entre tous les autres co-héritiers, au centime le franc.

§ III.

Prérogatives des créanciers.

84. Le titre exécutoire contre le défunt, l'est aussi contre l'héritier personnellement ; le créancier, néanmoins, n'en poura poursuivre l'exécution que huit jours après la notification de ses titres à l'héritier, à personne ou domicile. *(art.* 167 *, l. ib.)*

Il faut ajouter que le titre du créancier n'est exécutoire que contre l'héritier désigné, institué ; ou bien contre celui qui s'est mis en possession des effets de la succession, et que le créancier ne peut faire aucune poursuite, autre que les actes conservatoires, pendant les délais accordés à l'héritier pour faire inventaire et délibérer. (V. le n°. 47, section 3, *du bénéfice d'inventaire.*)

85. Les créanciers de la succession peuvent, dans tous les cas et contre tout créancier particulier, demander la séparation du patrimoine du défunt, d'avec celui de l'héritier ; mais cette sorte de privilége se prescrit par trois ans, relativement aux meubles, et ne peut plus être exercé dès qu'il y a eu novation

d ns la créance, par l'acceptation de l'héritier, comme débiteur, de la part du créancier.

Ce droit, à l'égard des immeubles, peut être exercé, tant qu'ils existent dans la main de l'héritier. (*art.* 168, 169 *et* 170, *l. ib. au c.*)

86. Les créanciers d'un co-partageant ne sont pas admis à demander la séparation des patrimoines, contre les créanciers de la succession. (*art.* 171.)

C'est-à-dire, que les créanciers particuliers d'un co héritier, lorsqu'il existe des créanciers de la succession, à laquelle a pris part ce cohéritier, ne peuvent pas retenir, au préjudice de ces derniers, les biens de leurs débiteurs, à eux créanciers particuliers, une fois la confusion opérée.

Aussi la loi, pour conserver les droits des créanciers du co-partageant, et éviter toute fraude à leur égard, les a autorisés à s'opposer à l'opération du partage, fait autrement qu'en leur présence, et leur a accordé le droit d'y intervenir à leurs frais. Mais s'ils laissent consommer le partage sans avoir formé leur opposition, ils ne peuvent plus l'attaquer. (*art.* 171 *et* 172, *l. des succ. au c.*)

Ainsi se trouvent déterminés respectivement les obligations des débiteurs et les droits des créanciers.

Nous insérerons, à la fin, le modèle de l'opposition dont il est parlé dans le précédent article.

SECTION V.

EFFETS DU PARTAGE.

Garantie réciproque des co-partageans.

87. L'effet du partage est de rendre chaque co-héritier propriétaire unique et immédiat de tout ce qui se trouve compris dans son lot; de tout ce qui lui est échu sur licitation; en sorte qu'il est censé n'avoir jamais eu, la propriété de tout ce qui n'est pas la chose même, à lui assignée par le partage; en d'autres termes, chacun des co-héritiers, par l'opération du partage, est transformé en héritier pur et simple, et regardé comme n'ayant jamais été en rapport quelconque avec tout ce qui tient aux portions de ses co-partageans. Ceci doit être restreint, néanmoins, et ne s'entendre qu'à l'égard des étrangers; car, d'un co-héritier à l'autre, il existe cer-

tains rapports qui ne peuvent cesser qu'après un certain laps de tems : rapports qui vont nous occuper dans les nombres suivans. *(art.* 173, *l. des succ.)*

88. Les co‑héritiers sont respectivement garans les uns envers les autres des troubles et évictions, seulement qui ont une cause antérieure au partage. La garantie cesse, si l'éviction est due à la faute du co-héritier. Il n'y a pas lieu à garantie, lorsque l'espèce d'éviction soufferte a été prévue par une clause *particulière* et *expresse* de l'acte de partage.

Ainsi, si le co-héritier est évincé d'un héritage tenu à titre d'emphitéose perpétuelle, faute d'avoir fourni la redevance convenue, cette éviction est due à sa propre négligence, et ne regarde que lui.

Quand à l'éviction qui pourrait avoir été prévue par l'acte de partage, on ne peut guère la concevoir que sous le rapport de certains droits et usages qui pourraient être incertains ou dépendre, en quelque façon, de la volonté d'un tiers ; car, toutes les fois qu'il se peut agir de la possession d'un immeuble, si la propriété en avait été précaire ou indécise à l'époque du partage, le co-partageant n'eût pas manqué de réclamer au moment même de la formation des lots, et même, indépendamment de toutes réclamations, les experts chargés de cette opération eussent nécessairement dû avoir égard aux circonstances où se trouvait l'immeuble, et balancer les désavantages que pouvait offrir son placement dans l'un des lots, par des avantages pris sur les autres ; alors il n'y aurait plus lieu à garantie, puisque celle-ci n'est qu'une sorte de récompense accordée à celui qui perdrait la partie ou la totalité de la portion qui lui a été assignée sur ses co-partageans, lesquels ont conservé l'intégralité des leurs.

C'est pour cette raison que chacun des co-héritiers est personnellement tenu d'indemniser son co-héritier de la perte que lui a causée l'éviction, en proportion de sa part héréditaire.

Au cas où l'un d'eux se trouve insolvable, la portion dont il est tenu est répartie entre le garanti et tous les co - héritiers solvables. *(art.* 174 *et* 175*, l. ib. au c.)*

89. Le co-héritier n'a que cinq ans pour exercer la garantie pour l'insolvabilité du débiteur d'une rente. Cette garantie n'a point lieu si l'insol-

yabilité du débiteur n'est survenue que postérieurement à partage. La raison en est simple: la chose périt au maître ; il suffit qu'elle fut entière au moment où elle a été délivrée ; tous les accidens qui peuvent suivre sont à la charge du propriétaire. (*art.* 176 , *l. des success. au c.*)

SECTION VI.

§ Ier.

De la rescision , en matière de partage.

Le partage est rescindé pour cause de violence ou de dol ; (comme la vente.) il y a, en outre , lieu à rescision , toutes les fois que l'un des co-héritiers établit , à son préjudice, une lésion de plus du quart.

La lésion s'établit par l'estimation de tous les effets mobiliers et immobiliers, qui ont fait la matière du partage , d'après la valeur qu'ils avaient à l'époque où il y a été procédé. *(art.* 177 *et* 180 , *ib.*)

Les frais d'estimation sont à la charge du co-héritier , se prétendant lésé ; si la demande qu'il a formée en rescision du partage se trouve hasardée par l'évènement de l'estimation, il est juste que le poursuivant en supporte la peine; si, au contraire, la lésion est démontrée bien évidente, il est à l'arbitrage du juge d'allouer au réclamant ou la totalité ou une-partie des frais.

Ces détails tiennent peut-être plus à la forme qu'au fond; mais ils ne paraîtront sans doute pas déplacés ici.

90. La simple omission d'un objet de la succession ne donne pas ouverture à l'action en rescision, mais à un supplément à partage, auquel on procède de la même manière qu'au partage lui-même. *(art.* 177 *l. ib.)*

§ II.

Cas particulier où l'action en rescision est admise.

91. L'action en rescision est admise contre tout acte ayant pour objet de faire cesser l'indivision entre co-héritiers, qu'il ait été qualifié vente, échange, transaction ou autrement. *(art.* 178.*)*

Il n'est pas difficile de reconnaître un acte

de partage, quel que soit le nom sous lequel on ait voulu le déguiser ; ainsi, sous le point de droit, il ne peut guère y avoir de difficulté à cet égard : les qualités des parties, exprimées ou non, suffiront presque toujours à éclaircir tous les doutes.

Autre chose est, si l'acte de partage a été suivi d'une transaction, intervenue sur les difficultés qu'aurait pu présenter l'acte, n'y eût-il même pas eu procès commencé. Alors l'action en rescision n'est plus admissible, et on sent facilement pourquoi : la transaction est un acte sacré en soi, qui, par sa nature, se trouvant destiné à éteindre les discusions et les procès, repousse de lui-même l'idée de toute action ultérieure.

§ III.

Cas où l'action n'est point admise.

100. L'action en rescision n'est point admise contre une vente de droits successifs, faite sans fraude par un ou plusieurs co-héritiers, à l'un ou plusieurs de leurs co-partageans, aux risques et périls des preneurs. (*art.* 179, *l. ib.*)

Ici, l'on ne remarque plus de traces du partage ; c'est une simple transmission volontaire, et toute aux risques des cessionnaires, qui rentre dans la classe des ventes ordinaires.

Aussi, la loi n'autorise-t-elle plus l'action en rescision pour ce dernier cas.

§ IV.

Règles générales.

Le co-héritier qui a aliéné son lot, en tout ou en partie, n'est plus recevable à intenter l'action en rescision, pour cause de dol ou violence, si l'aliénation, par lui faite, est postérieure à la découverte du dol ou à la cessation de la violence. (*art.* 182, *l. des succ. au c.*)

C'est que le co-héritier, en se dessaisissant de l'immeuble à lui échu, a renoncé personnellement à la faculté d'exercer l'action en rescision ; faculté qui est inhérente à l'héritier et ne se transmet pas.

92. Le co-héritier ou le défendeur à la demande en rescision, peut toujours en arrêter le cours, et s'opposer à nouveau partage, en fournissant le supplément que réclame le demandeur, soit en numéraire, soit en nature. (*art.* 181, *l. ib.*)

Dans ce cas, il est raisonnable de penser que le défendeur sera tenu de rembourser les frais avancés par le demandeur : c'est une légère compensation accordée à celui-ci, pour la prérogative qui est accordée au premier de rembourser à son choix, en fonds ou en argent.

Nous terminons ici le premier livre de ce résumé, bien rapide sans doute, mais aux défauts duquel suppléeront la réflexion, l'étude et sur-tout la pratique.

Nous avons présenté les matières avec le plus de méthode qu'il nous a été possible, et nous avons cru rendre un service réel aux gens de loi, en détachant par paragraphes les points qui ont le plus de connexion entr'eux, de telle sorte qu'à l'inspection de la table, si le jurisconsulte n'a besoin que d'un simple éclaircissement sur un seul objet, il trouve cet objet traité à part et sans confusion.

Ainsi, une question quelconque, élevée sur un partage, pourra trouver sa solution dans le chapitre qui est consacré à ces sortes d'opérations, sans qu'il soit nécessaire, ordinairement, de fouiller ailleurs.

Nous avons, en outre, tâché de placer ces séries particulières dans l'ordre qui nous a paru le plus naturel et le plus vrai.

L'économie du tems nous semble un objet d'une grande importance pour tous les hommes en général et plus particulièrement encore pour les hommes de cabinet. Nous serons toujours satisfaits, si nos efforts ont été inutiles sous d'autres rapports, d'avoir pu présenter qu'elqu'avantage sous ce dernier point de vue.

FIN DU PREMIER LIVRE.

AVIS

SUR LES NOTES.

Notre dessein, en joignant au texte des lois sur les successions, l'exposé de la jurisprudence antérieure, a été d'offrir une sorte de code comparé sur la matière, et de faciliter en même tems la décision des questions, nées avant la publication du troisième livre du code civil.

Ces questions, en général, ne devant pas remonter au-delà de dix années, nous avons cru superflu de nous reporter aux bases de l'ancien droit, c'est-à-dire, du droit antérieur aux lois des 7 mars 1793, 5, 12 brumaire, 17 nivôse an 2, et subséquentes. Une autre raison, prise dans la nature même des choses, nous aurait porté encore à ne pas reprendre la législation des successions de trop haut. Le code actuel régit la France, telle qu'elle a été définitivement constituée par le traité d'Amiens. Dans ce nouveau territoire, comme chacun sait, entrent de vastes pays qui, avant la révolution, ne reconnaissaient point les lois françaises : la Belgique, Genève, le Piémont, la Savoie, etc.

D'un autre côté, les ordonnances de 1731 et de 1735, qui étaient la loi positive sur les successions en France, n'ont pas été publiées dans tout l'ancien territoire : dans le Barrois et la Loraine, par exemple, réunis postérieurement à ces lois.

Et quant à la forme des actes de dernière volonté, qui occupent une place importante dans la
législation des successions, il y avait, même dans
l'ancienne France, trois régimes distincts : celui
des *pays appelés du droit écrit*, où étaient exé-
cutées les lois romaines, modifiées par l'ordonnance de 1735; celui des *pays coutumiers*, où
l'on suivait les formes établies par les coutumes,
maintenues par la même ordonnance; enfin, celui
des pays réunis, où celle-ci n'avait pas été publiée.

Ainsi, il eût été difficile, et sur-tout extrêmement long, de rapprocher du texte nouveau
tant de dispositions diverses, qui cependant eussent
été nécessaires pour l'exécution du plan que nous
avons conçu.

Nous avons donc dû, dans la comparaison des
deux systêmes, ne partir que de l'époque du 7
mars 1793.

Nous indiquerons, en outre, quoique cela ne
soit que d'un intérêt local et secondaire, les époques
auxquelles sont devenues exécutoires les lois nouvelles dans chacun des pays réunis.

Heureux si les hommes instruits accueillent
favorablement un travail, à la régularité duquel
nous avons donné tous les soins, toute l'attention
dont nous sommes capables !

ÉPOQUES

De la réunion de divers pays, depuis 1792 jusqu'au traité d'Amiens (an x), qui font aujourd'hui partie intégrante de la République française.

———

27 et 29 novembre 1792 , réunion de la Savoie à la France, (département du Mont-Blanc.)

31 janvier 1793 , — des comtés de Nice , de Beuil et de Tende , (départ. des Alpes maritimes.)

14 février 1793 , — de la principauté de Monaco , (même départ.)

2 mars 1793 , — de la principauté de Salm , (départ. des Vosges.)

23 mars 1793 , — de la principauté de Porentrui , (départ. du Haut-Rhin)

25 juin 1793 , — Avignon et le Comtat réunis, (départ. de Vaucluse.)

9 vendémiaire an 4 , — Belgique et pays de Liége : (9 départ. Dyle, Escaut, Forêts , Jemmappes , Lys , Meuse-Inférieure, Deux-Nèthes, Ourthe, Sambre et Meuse.)

20 thermidor an 4 , — principauté de Montbéliard, (départ. du Haut-Rhin.)

11 ventôse an 6 , — république de Mulhausen, (même départ.)

Code des Success. An XI.　　　　　**F**

28 floréal an 6, — republique de Genève, (départ. du Léman.)

18 ventôse an 9, — les 4 départemens de la rive
gauche du Rhin : Mont-Tonnerre, Rhin et Mo-
selle, Roër, Sarre.)

24 fructidor an 10 (1), — le Piémont : (départ.
de la Doire, de Marengo, du Pô, de la Sézia, de
la Stura, du Tanaro.)

Il est inutile de faire observer que les lois françaises ne sont devenues exécutoires dans chacun
des pays réunis, qu'après la publication qui en a
été faite par l'autorité publique.

Quoique l'acte de réunion du Piémont soit postérieur au
traité d'Amiens, cette réunion cependant a son principe dans le
traité.

L O I
RELATIVE AUX SUCCESSIONS.

Du 29 germinal an 11 de la République française.

AU NOM DU PEUPLE FRANÇAIS,

BONAPARTE, premier Consul, proclame loi de
la République le décret suivant, rendu par le corps
législatif le 29 germinal an 11, conformément à
la proposition faite par le gouvernement, le 19 du
même mois, communiquée au tribunat le même
jour.

DÉCRET.

LIVRE III DU CODE CIVIL.

*Des différentes manières dont on acquiert la
propriété.*

ARTICLE PREMIER.

La propriété des biens s'acquiert et se transmet
par succession, par donation entre-vifs ou testa-
mentaire, et par l'effet des obligations.

CORPS LÉGISLATIF. *Du 19 germinal.* Exposé des motifs par
le C. TREILHARD, conseiller d'état.
TRIBUNAT. *Du 16 germinal.* Rapport par CHABOT, (de
l'Allier.)
CORPS LÉGISLATIF. *Du 29.* Discours de SIMÉON, tribun,
orateur du tribunat.

F 2

2. La propriété s'acquiert aussi par accession ou incorporation, et par prescription.

3. Les biens qui n'ont pas de maître, appartiennent à la nation.

4. Il est des choses qui n'appartiennent à personne et dont l'usage est commun à tous.

Des lois de police règlent la manière d'en jouir.

5. La faculté de chasser ou de pêcher est également réglée par des lois particulières.

6. La propriété d'un trésor appartient à celui qui le trouve dans son propre fonds : si le trésor est trouvé dans le fonds d'autrui, il appartient pour moitié à celui qui l'a découvert, et pour l'autre moitié au propriétaire du fonds.

Le trésor est toute chose cachée ou enfouie sur laquelle personne ne peut justifier sa propriété, et qui est découverte par le pur effet du hasard.

7. Les droits sur les effets jetés à la mer, sur les objets que la mer rejette, de quelque nature qu'ils puissent être, sur les plantes et herbages qui croissent sur les rivages de la mer, sont aussi réglés par des lois particulières.

Il en est de même des choses perdues dont le maître ne se représente pas.

TITRE PREMIER.

Des successions.

CHAPITRE PREMIER.

De l'ouverture des successions, et de la saisine des héritiers.

(*) 8. Les successions s'ouvrent par la mort naturelle et par la mort civile.

9. La succession est ouverte par la mort civile, du moment où cette mort est encourue, conformément aux dispositions de la loi sur la privation des droits civils par suite de condamnations judiciaires.

(*) Les lois des 5 brumaire et 17 nivôse an 2, n'ayant rien statué sur l'ouverture des successions, la saisine des héritiers et les qualités requises pour succéder, et ne s'étant attaché qu'à établir de nouvelles règles de distribution, un mode nouveau et uniforme de partage entre les descendans; les principes de la loi romaine en pays de droit écrit, et les dispositions coutumières dans les pays qui en reconnaissaient l'empire ont continué, sur ces deux points, à recevoir leur application jusqu'à la publication du code.

D'après le plan que nous nous sommes fait, nous ne nous arrêtons donc point aux deux premiers chapitres, avec d'autant plus de raison, d'ailleurs, que les dispositions du nouveau code, à cet égard, ne font, à peu de chose près, que consacrer les principes déjà reçus parmi nous.

10. Si plusieurs personnes respectivement appelées à la succession l'une de l'autre, périssent dans un même évènement, sans qu'on puisse reconnaître laquelle est décédée la première, la présomption de survie est déterminée par les circonstances du fait, et, à leur défaut, par la force de l'âge et du sexe.

11. Si ceux qui ont péri ensemble, avaient moins de quinze ans, le plus âgé sera présumé avoir survécu.

S'ils étaient tous au-dessus de soixante ans, le moins âgé sera présumé avoir survécu.

Si les uns avaient moins de quinze ans, et les autres plus de soixante, les premiers seront présumés avoir survécu.

12. Si ceux qui ont péri ensemble, avaient quinze ans accomplis et moins de soixante, le mâle est toujours présumé avoir survécu, lorsqu'il y a égalité d'âge, ou si la différence qui existe n'excède pas une année.

S'ils étaient du même sexe, la présomption de survie qui donne ouverture à la succession dans l'ordre de la nature, doit être admise; ainsi, le plus jeune est présumé avoir survécu au plus âgé.

13. La loi règle l'ordre de succéder entre les héritiers légitimes : à leur défaut, les biens passent aux enfans naturels, ensuite à l'époux survivant; et s'il n'y en a pas, à la République.

14. Les héritiers légitimes sont saisis de plein droit des biens, droits et actions du défunt, sous

l'obligation d'acquitter toutes les charges de la succession : les enfans naturels, l'époux survivant et la République, doivent se faire envoyer en possession par justice, dans les formes qui seront déterminées.

CHAPITRE II.

Des qualités requises pour succéder.

15. Pour succéder, il faut nécessairement exister à l'instant de l'ouverture de la succession.

Ainsi, sont incapables de succéder :

1°. Celui qui n'est pas encore conçu ;

2°. L'enfant qui n'est pas né viable ;

3°. Celui qui est mort civilement.

16. Un étranger n'est admis à succéder aux biens que son parent, étranger ou français, possède dans le territoire de la République, que dans les cas et de la manière dont un Français succède à son parent possédant des biens dans le pays de cet étranger, conformément aux dispositions du titre relatif *à la jouissance des droits civils.*

17. Sont indignes de succéder, et comme tels exclus des successions,

1°. Celui qui serait condamné pour avoir donné ou tenté de donner la mort au défunt ;

2°. Celui qui a porté contre le défunt une accusation capitale, jugée calomnieuse ;

3°. L'héritier majeur qui, instruit du meutre du défunt, ne l'aura pas dénoncé à la justice.

18. Le défaut de dénonciation ne peut être opposé aux ascendans et descendans du meurtrier, ni à ses alliés au même degré, ni à son époux ou à son épouse, ni à ses frères ou sœurs, ni à ses oncles et tantes, ni à ses neveux et nièces.

19. L'héritier exclu de la succession pour cause d'indignité, est tenu de rendre tous les fruits et les revenus dont il a eu la jouissance depuis l'ouverture de la succession.

20. Les enfans de l'indigne, venant à la succession de leur chef, et sans le secours de la représentation, ne sont pas exclus pour la faute de leur père; mais celui-ci ne peut, en aucun cas, réclamer, sur les biens de cette succession, l'usufruit que la loi accorde aux pères et mères sur les biens de leurs enfans.

CHAPITRE III.

Des divers ordres de successions.

SECTION PREMIÈRE.

Dispositions générales.

21. Les successions sont déférées aux enfans et descendans du défunt, à ses ascendans et à ses parens collatéraux, dans l'ordre et suivant les règles ci-après déterminés.

22. La loi ne considère ni la nature, ni l'origine des biens, pour en régler la succession.

(*) 23. Toute succession échue à des ascendans ou à des collatéraux, se divise en deux parts égales; l'une pour les parens de la ligne parternelle, l'autre pour les parens de la ligne maternelle.

(*) Les dispositions des articles 83 et 84 de la loi du 17 novôse (1), quoique moins claires et moins positives que celles de l'article 23 de la loi 1re. *des successions au code*, avaient déjà établi le principe de la division en deux parts des successions collatérales : l'une attribuée aux parens de la ligne paternelle, l'autre à ceux de la ligne maternelle ; et ce principe a reçu son exécution pour les successions de cette espèce, ouvertes depuis cette époque.

Une grande question s'était élevée sur le sens véritable des art. 77 et suiv., jusqu'à l'art. 88 de la loi de nivôse. Il s'agissait de savoir si, constamment, le parent le plus proche excluait ou non, *dans sa ligne*, le parent plus éloigné ; en d'autres termes, si, après la première *fente*, la même opération devait recommencer d'une manière absolue pour les membres de chacune des branches, c'est-à-dire, s'il devait y avoir à *l'infini fente et refente*, sans égard à la proximité du degré.

Les art. 77 et suiv. semblant opposés à l'art. 86, les tribunaux et les jurisconsultes avaient été longtems partagés, jusqu'à ce qu'enfin le tribunal suprême, par un jugement solennel du 12 brumaire an 9, dans l'affaire Waghenart, François

(1) Tout le monde sait que l'effet rétroactif de la loi du 17 nivôse a été rapporté par la loi du 9 fructidor an 3., et nous n'en parlerons pas davantage.

F 3

(*) Les parens utérins ou consanguins ne sont pas exclus par les germains; mais ils ne prennent part que dans leur ligne, sauf ce qui sera dit ci-après à l'article XLII. Les germains prennent part dans les deux lignes.

---

et Chauvet, a décidé qu'il n'y avait pas lieu à la *refente*, et que, la première division une fois faite entre les deux lignes paternelle et maternelle, le parent plus proche dans chaque *ligne*, ou ses représentans, recueillaient exclusivement aux autres.

Ainsi une loi, mal ou précipitamment rédigée, a occasionné une controverse de sept années; depuis le jugement du 12 brumaire, la jurisprudence a été fixée.

S'il fallait, pour prouver les vices de rédaction de la loi du 17 nivôse, une raison autre que celle qui résulte d'une lecture réfléchie, il suffirait de jeter les yeux sur la multiplicité des questions adressées simultanément au corps législatif, de toutes les parties de la France ; questions qui ont nécessité deux lois interprétatives, dans les 7 mois qui ont suivi, sur 86 espèces, résumées de beaucoup d'autres. *(Lois des 22 ventôse et 9 fructidor an 2.)*

(*) Déjà la loi du 17 nivôse, art. 89, avait déclaré qu'il ne serait plus accordé aucun privilége au double lien. Il avait été stipulé que si les parens collatéraux descendaient tout-à-la-fois des auteurs de plusieurs branches, ils recueilleraient *cumulativement* la portion à laquelle ils seraient appelés dans chaque branche.

La loi interprétative du 22 ventôse avait depuis, sur la 51e. question, expliqué l'art. 89 de celle du 17 nivôse, en déterminant que les frères utérins et consanguins ne seraient pas, comme

Il ne se fait aucune dévolution d'une ligne à
l'autre, que lorsqu'il ne se trouve aucun ascendant ni collatéral de l'une des deux lignes.

24. Cette première division opérée entre les
lignes paternelle et maternelle, il ne se fait plus
de division entre les diverses branches; mais la
moitié dévolue à chaque ligne appartient à l'héritier ou aux héritiers les plus proches en degré,
sauf le cas de la représentation, ainsi qu'il sera
dit ci-après.

(*) 25. La proximité de parenté s'établit par le
nombre des générations; chaque génération s'appelle un *degré*.

---

par le passé, exclus généralement par le frère
germain; mais qu'ils ne concourraient pas avec
ce dernier dans le partage des biens de la ligne à
laquelle ils seraient étrangers; et c'est en ce sens,
fondé en raison, que la loi a été exécutée.

La seconde partie de l'art. 23, chapitre 3 de
la loi nouvelle, comme on le voit, n'a pas fait
autre chose que confirmer le principe en vigueur,
en termes plus clairs et plus précis.

De même l'art. 24 n'est, en quelque sorte,
que la confirmation de la jurisprudence établie
par le jugement de cassation, que nous avons
déjà rapporté. « La dernière division (des biens)
opérée entre les lignes paternelle et maternelle,
il ne se fait plus de division entre les diverses
branches, etc. »

(*) Les lois nouvelles (depuis la révolution) n'ont
rien statué sur la manière de compter les degrés:
on a, jusqu'à présent, suivi les principes anté-

26. La suite des degrés forme la ligne : on appelle *ligne directe* là suite des degrés entre personnes qui descendent l'une de l'autre ; *ligne collatérale*, la suite des degrés entre personnes qui ne descendent pas les unes des autres, mais qui descendent d'un auteur commun.

On distingue la ligne directe, en ligne directe descendante et ligne directe ascendante.

La première est celle qui lie le chef avec ceux qui descendent de lui ; la deuxième est celle qui lie une personne avec ceux dont elle descend.

27. En ligne directe, on compte autant de degrés qu'il y a de générations entre les personnes : ainsi le fils est, à l'égard du père, au premier degré ; le petit-fils, au second ; et réciproquement du père et de l'aïeul à l'égard des fils et petit-fils.

28. En ligne collatérale, les degrés se comptent par les générations, depuis l'un des parens, jusques et non compris l'auteur commun, et depuis celui-ci jusqu'à l'autre parent.

Ainsi, deux frères sont au deuxième degré ; l'oncle et le neveu sont au troisième degré, les cousins-germains au quatrième ; ainsi de suite.

---

rieurs. Cet objet devait nécessairement se trouver éclairci et fixé dans le code. Le mode de compter les degrés, dans le droit romain, a été suivi. (Voir le n°. 13 de cet ouvrage, pag. 14 et suiv.)

SECTION II.

De la représentation.

(*) 29. La représentation est une fiction de la loi, dont l'effet est de faire entrer les représentans dans la place, dans le degré et dans les droits du représenté.

30. La représentation a lieu à l'infini dans la ligne directe descendante.

Elle est admise dans tous les cas, soit que les enfans du défunt concourent avec les descendans d'un enfant prédécédé, soit que tous les enfans du défunt étant morts avant lui, les descendans desdits enfans se trouvent entr'eux en degrés égaux ou inégaux.

(*) 31. La représentation n'a pas lieu en faveur

(*) L'art. 82 de la loi du 17 nivôse avait défini la représentation, et déterminé ses effets; l'art. 29 de la loi au c. n'a fait que sanctionner ces dispositions; mais la représentation à l'infini, établie par la loi de nivôse (art. 77), en ligne collatérale, a été restreinte par l'art. 32 de la loi nouvelle, aux enfans et descendans des frères ou sœurs du défunt, la représentation n'ayant plus lieu à l'infini que dans la ligne directe descendante. (V. les articles 64, jusques et compris le 68e., loi de niv.)

(*) Intrinsèquement, les art. 70 et 71 avaient dit ce qu'exprime l'art. 31 de la loi au c. : « La

des ascendans; le plus proche, dans chacune des deux lignes, exclut toujours le plus éloigné.

32. En ligne collatérale, la représentation est admise en faveur des enfans et descendans de frères ou sœurs du défunt, soit qu'ils viennent à sa succession concurremment avec des oncles ou tantes, soit que tous les frères ou sœurs du défunt étant prédécédés, la succession se trouve dévolue à leurs descendans en degrés égaux ou inégaux.

(*) 33. Dans tous les cas où la représentation est admise, le partage s'opère par souche : si une

---

représentation n'a pas lieu en faveur des ascendans, etc. » Puisque, d'après la loi de nivôse, l'aïeul ne succédait qu'au défaut des père et mère, et les ascendans supérieurs au défaut d'aïeul et d'aïeule ; ce qui, en d'autres termes, équivaut à cette disposition : « La représentation n'a pas lieu, etc. » Un seul ascendant inférieur excluant toujours les ascendans supérieurs, en quelque nombre qu'ils fussent.

(*) L'art. 82, loi de nivôse, avait ordonné la division des successions collatérales en autant de parties qu'il y aurait de branches appelées à les recueillir, en ajoutant que la subdivision se ferait de la même manière entre les membres de ces diverses branches. D'un autre côté, on lisait dans l'art. 88, que chaque portion attribuée à l'une des branches, serait partagée en autant de parties égales que le chef de cette branche aurait laissé d'enfans, pour attribuer chacune de ces parties à tous les héritiers descendans de l'un de ces enmême souche a produit plusieurs branches, la subdivision se fait aussi par souche dans chaque branche, et les membres de la même branche partagent entre eux par tête.

34. On ne représente pas les personnes vivantes, mais seulement celles qui sont mortes naturellement ou civilement.

On peut représenter celui à la succession duquel on a renoncé.

SECTION III.

Des successions déférées aux descendans.

(*) 35. Les enfans ou leurs descendans succèdent à leurs père et mère, aïeuls, aieules ou autres

---

fans, sauf à les subdiviser encore entr'eux, dans les degrés ultérieurs, proportionnellement aux droits de ceux qu'ils représentaient.

L'art. 33 (*l. au c.*) a réuni, avec plus de concision et de méthode, ces dispositions un peu vagues, sur-tout dans l'art. 88 de la loi de niv.; mais, au fond, les choses sont resté les mêmes : on partagera en collatérale, lorsqu'il y aura lieu à la représentation, d'abord par souche, jusqu'à l'épuisement des souches et des branches; et, par tête, une fois qu'on sera parvenu aux individus qui ferment la chaîne, ainsi que cela s'exécutait en vertu de l'art. 88, l. de niv.

(*) La loi du 8 - 14 avril 1791, avait déjà déclaré que tous les héritiers en égal degré suc-

ascendans, sans distinction de sexe ni de primogéniture; et encore qu'ils soient issus de différens
mariages.

Ils succèdent par égales portions et par tête,
quand ils sont tous au premier degré et appelés
de leur chef : ils succèdent par souche, lorsqu'ils
viennent tous ou en partie par représentation.

---

céderaient par portion égale aux biens qui leur
seraient déférés par la loi, et aboli toute inégalité
ci-devant résultante, entre héritiers *ab intestat*,
des qualités d'aînés ou puînés, de la distinction
des sexes ou des exclusions coutumières, soit en
ligne directe, soit en ligne collatérale. Dès le
15 mars 1790, les droits d'aînesse et de mascu-
linité, à l'égard des fiefs, domaines, et aleu
nobles, et tous partages inégaux, à raison de la
qualité des personnes, avaient été abolis.

Ces dispositions furent étendues et développées
par la loi du 5 brum. an 2, art. 9; et enfin, la
même jurisprudence fut fixée par l'art. 9 de la
loi du 17 niv.

Depuis la loi d'avril 1791, on ne connaît donc
plus en France, dans le partage des successions, de
distinction de sexe ni de progéniture, et l'art. 35,
l. au c., n'est en quelque sorte que la répétition
de l'art. premier de la loi d'avril.

Nous n'avons pas besoin d'ajouter qu'il ne s'agit
ici que des successions *libres*. Une législation particulière, qui a varié depuis la loi du 7 mars 93,
jusqu'au 23 floréal an 11, époque de la promulgation de la loi 2, liv. 3 au c., s'appliquant aux
successions testamentaires. Nous y reviendrons
plus tard.

Section IV.

Des successions déférées aux ascendans.

(*) 36. Si le défunt n'a laissé ni postérité, ni frère, ni sœur, ni descendans d'eux, la succession se divise par moitié entre les ascendans de la ligne paternelle et les ascendans de la ligne maternelle.

L'ascendant qui se trouve au degré le plus proche, recueille la moitié affectée à sa ligne, à l'exclusion de tous autres.

Les ascendans au même degré succèdent par tête.

(*) 37. Les ascendans succèdent, à l'exclusion de tous autres, aux choses par eux données à leurs

---

(*) L'art. 69 de la loi de nivôse, a déjà fait succéder les père, mère, ou autres ascendans à leur défaut, aux descendans morts sans postérité, et ne laissant ni frères ni sœurs, ni descendans de frère ou de sœur. L'art. 36, l. au c., ne fait que reproduire cette disposition, presque dans les mêmes termes.

Par l'art 73, il fut déclaré que les ascendans succéderaient toujours par tête : la loi actuelle a sagement ajouté au mot ascendans, ceux-ci : *au même degré ;* et, comme nous l'avons déjà dit pour une autre circonstance, pag. 134, la loi de niv. disposait, en d'autres termes, comme la seconde partie de l'art. 36, l. au c., que l'ascendant plus proche recueillait dans sa ligne à l'exclusion des plus éloignés.

(*) L'art. 74 (l. de niv.) n'avait conservé les droits des ascendans sur les biens par eux donnés,

enfans ou descendans décédés sans postérité, lorsque les objets donnés se retrouvent en nature dans la succession.

Si les objets ont été aliénés, les ascendans recueillent le prix qui peut en être dû. Ils succèdent aussi à l'action en reprise que pouvait avoir le donataire.

(*) 38. Lorsque les père et mère d'une personne morte sans postérité, lui ont survécu, si elle a laissé des frères, sœurs ou des descendans d'eux,

---

en cas de prédécès des descendans donataires, que lorsque la donation contenait la stipulation de retour. A cet égard, la jurisprudence a été changée ; car cette nécessité de stipulation de retour ne se trouve point dans la loi nouvelle; et, d'après ses termes généraux, les ascendans succèdent dans tous les cas.

Un jurisconsulte estimable, le C. Bergier, dans une instruction rédigée depuis l'émission de la loi du 4 germinal an 8, pour faciliter l'exercice de la faculté de disposer, pénétré de l'importance de cette stipulation de retour, ne s'était pas lassé de la recommander aux donateurs. Aujourd'hui, elle devient à-peu-près initule : les ascendans succèdent au défaut d'enfans légitimes du donataire, tant que les biens donnés existent en nature dans la succession du décédé.

(*) Il n'y a rien dans la législation de la révolution, qu'on puisse rapprocher de l'art. 38 : celui-ci prend sa source dans les dispositions de la loi romaine, qui assurait une légitime aux ascendans. Cette légitime, lorsqu'il n'y avait pour recueillir

la succession se divise en deux portions égales, dont moitié seulement est déférée au père et à la mère, qui la partagent entre eux également.

L'autre moitié appartient aux frères, sœurs ou descendans d'eux, ainsi qu'il sera expliqué dans la section *des successions collatérales.*

39. Dans le cas où la personne morte sans postérité laisse des frères, sœurs ou des descendans d'eux, si le père ou la mère est prédécédé, la portion qui lui aurait été dévolue conformément au précédent article, se réunit à la moitié déférée aux frères, sœurs ou à leurs représentans, ainsi qu'il sera ci-après expliqué.

SECTION V.

Des successions collatérales.

(*) 40. En cas de prédécès des père et mère d'une personne morte sans postérité, ses frères,

---

la succession que des collatéraux, était du tiers de la succession, franc de toutes charges. Parmi nous, elle sera désormais de moitié, lorsque les père et mère auront survécu; du quart, lorsqu'il n'en existera qu'un seul, comme on le voit à l'art. 41, loi au c.

(*) Par les art. 75 et 76 de la loi de nivôse, les parens collatéraux ont été appelés à succéder, au défaut de parens *en ligne directe*; le dernier de ces articles, en répétant l'art. 72, a même exclu

sœurs ou leurs descendans sont appelés, à l'exclusion des ascendans et des autres collatéraux.

Ils succèdent, ou de leur chef, ou par représentation, ainsi qu'il a été réglé dans la section
de la représentation.

41. Si les père et mère de la personne morte
sans postérité lui ont survécu, ses frères, sœurs
ou leurs représentans ne sont appelés qu'à la
moitié de la succession. Si le père ou la mère
seulement a survécu, ils sont appelés à recueillir les
trois quarts.

(*) 42. Le partage de la moitié ou des trois quarts
dévolus aux frères ou sœurs, aux termes de l'article précédent, s'opère entre eux par égales portions, s'ils sont tous du même lit; s'ils sont de
lits différens; la division se fait par moitié, entre

---

des successions de leurs descendans, les ascendans
qui se trouveraient en concurrence avec des collatéraux descendans d'eux, ou d'autres ascendans au
même degré. A cet égard, nous avons déjà remar-
qué (à l'art. 38) que la loi nouvelle a beaucoup
plus favorablement traité les ascendans au premier
degré que celle de nivôse, en les faisant *concourir*
avec les collatéraux, même descendans d'eux,
tandis que, jusqu'à ce moment, ils n'y avaient point
été admis.

(*) Les art. 42, 43 et 44 n'étant que d'exécution,
et le principe établi par l'article qui précède n'exis-
tant pas dans la législation antérieure, nous ne
nous y arrêterons pas.

les deux lignes paternelle et maternelle du défunt; les germains prennent part dans les deux
lignes, et les utérins ou consanguins chacun dans
leur ligne seulement : s'il n'y a de frères ou sœurs
que d'un côté, ils succèdent à la totalité, à l'exclusion
de tous autres parens de l'autre ligne.

43. A défaut de frères ou sœurs ou de descendans d'eux, et à défaut d'ascendans dans l'une
ou l'autre ligne, la succession est déférée pour
moitié, aux ascendans survivans, et pour l'autre
moitié, aux parens les plus proches de l'autre
ligne.

S'il y a concours de parens collatéraux au
même degré, ils partagent par tête.

44. Dans le cas de l'article précédent, le père
ou la mère survivant a l'usufruit du tiers des
biens auxquels ils ne succèdent pas en propriété.

(*) 45. Les parens au-delà du douzième degré
ne succèdent pas.

A défaut de parens au degré successible dans une
ligne, les parens de l'autre ligne succèdent pour
le tout.

(*) L'art. 45 ne fait que reproduire, dans sa seconde partie, les dispositions de la loi de nivôse,
art. 90.

Quant à l'exclusion prononcée pour les collatéraux au-delà du douzième degré, cette disposition
est nouvelle.

CHAPITRE IV.

Des successions irrégulieres.

SECTION PREMIÈRE.

Des droits des enfans naturels, sur les biens de leur père ou mère, et de la succession aux enfans naturels décédés sans postérité.

(*) 46. Les enfans naturels ne sont point héritiers ; la loi ne leur accorde de droits sur les

______

(*) Aucune partie de la législation civile, durant la révolution, n'a éprouvé autant de variations, offert autant de versatilité que celle qui a pour objet les successions des enfans naturels. Lois, arrêtés, instructions du ministre : tout a été accumulé pour l'éclaircir, et souvent pour l'embarrasser. On s'en convaincra facilement, si l'on veut bien se rappeler que, sur cette seule matière, nous avons eu les lois des 4 juin 1793, 12 brumaire an 2, 26 vendémiaire, 15 thermidor an 4, l'arrêté du directoire du 12 ventôse an 5, et enfin la loi du 2 ventôse an 6. Il serait difficile, certes, d'offrir en si peu de tems plus de dispositions législatives ou interprétatives sur un même sujet.

Depuis le 4 juin 1793, jusqu'à la promulgation de la première loi, 3e. liv. au code (9 floréal an 11), les droits de successibilité des enfans naturels (reconnus), avaient été, pour les successions ouvertes dans cet intervalle, les mêmes que ceux des autres enfans. (*l. du 4 juin 1793 ; art. 2, l. du 12 brumaire.*)

biens de leur père ou mère décédés, que lorsqu'ils ont été légalement reconnus. Elle ne leur

* * *

Mais la loi transitoire du 14 floréal an 11, promulguée le 24 du même mois, a changé cet ordre de choses, et déclaré que l'état et les droits des enfans nés hors mariage, dont les pères et mères sont morts depuis la promulgation de la loi du 12 brumaire an 2, jusqu'à la promulgation des titres du code civil sur la *paternité* et la *filiation*, et sur les *successions*, seront réglés *de la manière prescrite par ces dernières lois.*

Elle n'a prononcé d'exceptions en faveur des enfans de cette classe, que lorsque leurs droits ont été fixés par des dispositions entre-vifs ou testamentaires; sauf, en ce cas, la réduction, s'il y a lieu, à la quotité disponible; et enfin, lorsque des conventions ou jugemens, passés en force de chose jugée, ont déterminé irrévocablement ces mêmes droits.

Ainsi, dans ce moment, il existe, pour le tems écoulé entre l'époque de la promulgation de la loi de brumaire et celle de la première loi, liv. 3 au code, deux classes de successions pour les enfans nés hors mariage, et *reconnus* par leurs pères.

Leurs droits ont été réglés par conventions ou jugemens, passés en force de chose jugée, ou par dispositions entre-vifs ou testamentaires.

Ou bien, ils le seront désormais par les deux lois dans lesquelles on s'est occupé de leur sort. (*l. sur les success. au c.*, *l du 14 floréal an* 11.)

On pourrait être, au premier aperçu, tenté d'accuser de rétroactivité la loi du 14 floréal, dont les effets remontent au 12 brumaire an 2, si l'on ne se rappelait que, par l'art. 10 de la même loi

accorde aucun droits sur les biens des parens de leur père ou mère.

---

de brumaire, les législateurs avaient déclaré, d'avance, que l'état et les droits des enfans nés hors mariage, dont les père et mère seraient encore existans lors de la promulgation du code civil, seraient en tous points réglés par les dispositions code.

Il est vrai qu'il n'était fait mention dans cet article, que des enfans *dont les père et mère seraient encore existans lors de la promulgation du code.* Mais, d'abord, les législateurs de l'an 11 ne se sont occupés que des droits qui ne se trouvent pas encore réglés; et, en second lieu, il était si exorbitant d'accorder aux enfans nés hors mariage des droits égaux à ceux des enfans légitimes, que les rédacteurs de la loi dernière ont dû trouver dans ce seul motif une raison suffisante de statuer sur les droits de ces enfans, non encore fixés, lors même que leurs parens ne seraient plus existans à l'époque de la promulgation du code. L'on peut ajouter que, sans ce puissant motif, la loi du 14 floréal eût été inutile, puisque l'art. 10 de celle de brumaire, ou plutôt l'effet naturel de l'existence d'une loi nouvelle en vigueur, aurait suffi pour les successions non encore ouvertes; et d'un autre côté, en examinant de plus près ce même art. 10, on voit combien il aurait été, l'on pourrait presque dire ridicule, dans tout autre tems que celui où a été rendue la loi du 12 brumaire. A quel propos, en effet, annoncer dans une loi qu'à l'époque où il en interviendra une autre, les droits ouverts postérieurement à celle-ci seront réglés par elle?

(*) 47. Le droit de l'enfant naturel sur les biens de ses père et mère décédés est réglé ainsi qu'il suit :

Si le père ou la mère a laissé des descendans légitimes, ce droit est d'un tiers de la portion héréditaire que l'enfant naturel aurait eue s'il eût été légitime : il est de la moitié lorsque les père ou mère ne laissent pas de descendans, mais bien des ascendans ou des frères ou sœurs ; il est des trois quarts lorsque les père ou mère ne laissent ni descendans, ni ascendans, ni frères, ni sœurs.

48. L'enfant naturel a droit à la totalité des biens, lorsque ses père ou mère ne laissent pas de parens au degré successible.

49. En cas de prédécès de l'enfant naturel, ses

(*) Toutes les anciennes dispositions législatives relatives aux droits des enfans nés hors mariage, étant abrogées, comme nous l'avons vu, même pour les successions ouvertes antérieurement au code, il serait tout-à-fait superflu de s'occuper à les analyser. Mais c'est peut-être aussi l'unique circonstance où la loi nouvelle ait pu radicalement anéantir la loi ancienne, et s'emparer du droit de régler le passé comme l'avenir.

Nous nous permettrons seulement de faire remarquer combien le retour aux idées saines a contribué à simplifier cette matière, dont la législation a été si compliquée depuis le 12 brumaire an 2 : onze articles courts et précis ont suffi, dans le code, à établir toute la législation pour les enfans nés hors mariage.

Code des Successions. An XI.   G

enfans ou descendans peuvent réclamer les droits fixés par les articles précédens.

5o. L'enfant naturel ou ses descendans sont tenus d'imputer sur ce qu'ils ont droit de prétendre, tout ce qu'ils ont reçu du père ou de la mère dont la succession est ouverte, et qui serait sujet à rapport, d'après les règles établies au chapitre VI, section *des rapports.*

51. Toute réclamation leur est interdite, lorsqu'ils ont reçu, du vivant de leur père ou de leur mère, la moitié de ce qui leur est attribué par les articles précédens, avec déclaration expresse de la part de leur père ou mère, que leur intention est de réduire l'enfant naturel à la portion qu'ils lui ont assignée.

Dans le cas où cette portion serait inférieure à la moitié de ce qui devrait revenir à l'enfant naturel, il ne pourra réclamer que le supplément nécessaire pour parfaire cette moitié.

52. Les dispositions des articles 47 et 48 ne sont pas applicables aux enfans adultérins ou incestueux.

La loi ne leur accorde que des alimens.

53. Ces alimens sont réglés, eu égard aux facultés du père ou de la mère, au nombre et à la qualité des héritiers légitimes.

54. Lorsque le père ou la mère de l'enfant adultérin ou incestueux, lui auront fait apprendre un art mécanique, ou lorsque l'un d'eux lui aura assuré des alimens de son vivant, l'enfant ne pourra élever aucune réclamation contre leur succession.

55. La succession de l'enfant naturel décédé sans postérité, est dévolue au père ou à la mère qui l'a reconnu; ou par moitié à tous·les deux, s'il a été reconnu par l'un et par l'autre.

56. En cas de prédécès des père et mère de l'enfant naturel, les biens qu'il en avait reçus, passent aux frères ou sœurs légitimes, s'ils se retrouvent en nature dans la succession : les actions en reprise, s'il en existe, ou le·prix de ses biens aliénés, s'il est encore dû, retournent également aux frères et sœurs légitimes. Tous les autres biens passent aux frères et sœurs naturels, ou à leurs descendans.

Section II.

Des droits du conjoint survivant et de la République.

(*) 57. Lorsque le défunt ne laisse ni parens au degré successible, ni enfans naturels, les biens de sa succession appartiennent au conjoint non divorcé qui lui survit.

(*) La législation de la révolution n'a rien statué, à notre connaissance, sur les droits du conjoint survivant, au défaut d'héritiers naturels; et sur ceux de la république, au défaut de l'un et des autres. Les statuts locaux, dans les pays de coutume, et les lois romaines, dans les pays de droit écrit, ont continué, sur ce point, à faire le droit commun, jusqu'à la promulgation du code.

58. A défaut de conjoint survivant, la succession est acquise à la république.

59. Le conjoint survivant et l'administration des domaines, qui prétendent droit à la succession, sont tenus de faire apposer les scellés, et de faire faire inventaire dans les formes prescrites pour l'acceptation des successions sous bénéfice d'inventaire.

60. Ils doivent demander l'envoi en possession au tribunal de première instance dans le ressort duquel la succession est ouverte. Le tribunal ne peut statuer sur la demande, qu'après trois publications et affiches, dans les formes usitées, et après avoir entendu le commissaire du gouvernement.

61. L'époux survivant est encore tenu de faire emploi du mobilier, ou de donner caution suffisante pour en assurer la restitution, au cas où il

---

Il semblerait même que les rédacteurs de la loi du 17 nivôse, n'aient pas prévu le cas du défaut d'héritiers, comme on peut le voir dans l'article dernier de cette loi; et, en effet, admettant les parens à succéder à l'infini, il devait être bien difficile de prévoir l'absence absolue de successibles. Toutefois, en quelque système de législation que ce soit, il eût dû entrer dans une loi qui eût été complète, une disposition à cet égard. Par-tout on remarque la précipitation qui présida à la rédaction de la loi de nivôse; par-tout se décèle le but principal, et pour ainsi dire unique, que se proposèrent ses auteurs, la plus prompte division possible des propriétés.

se présenterait des héritiers du défunt, dans l'intervalle de trois ans : après ce délai, la caution est déchargée.

62. L'époux survivant, ou l'administration des domaines qui n'auraient pas rempli les formalités qui leur sont respectivement prescrites, pourront être condamnés aux dommages et intérêts, s'il se représente des héritiers.

63. Les dispositions des articles 59, 60, 61 et 62, sont communes aux enfans naturels appelés à défaut de parens.

CHAPITRE V.

De l'acceptation, et de la répudiation des successions.

SECTION PREMIÈRE.

De l'acceptation.

(*)64. Une succession peut être acceptée purement et simplement, ou sous bénéfice d'inventaire.

(*) L'ordonnance seule de 1731, art. 5, 6, 8, 9, 11 et 12, a réglé dans les pays où elle a été publiée, la matière des acceptations, jusqu'à la publication du code.

La loi nouvelle en a confirmé la plupart des dispositions.

65. Nul n'est tenu d'accepter une succession qui lui est échue.

66. Les femmes mariées ne peuvent pas valablement accepter une succession, sans l'autorisation de leur mari ou de justice, conformément aux dispositions de la loi, sur les droits et les devoirs respectifs des époux.

Les successions échues aux mineurs et aux interdits, ne pourront être valablement acceptées que conformément aux dispositions de la loi sur les tutèles.

67. L'effet de l'acceptation remonte au jour de l'ouverture de la succession.

68. L'acceptation peut être expresse ou tacite; elle est expresse, quand on prend le titre ou la qualité d'héritier, dans un acte, authentique ou privé; elle est tacite, quand l'héritier fait un acte qui suppose nécessairement son intention d'accepter, et qu'il n'aurait droit de faire qu'en sa qualité d'héritier.

69. Les actes purement conservatoires, de surveillance et d'administration provisoire, ne sont pas des actes d'addition d'hérédité, si l'on n'y a pas pris le titre ou la qualité d'héritier.

70. La donation, vente ou transport que fait de ses droits successifs un des co-héritiers, soit à un étranger, soit à tous ses co-héritiers, soit à quelques-uns d'eux, emporte de sa part acceptation de la succession.

Il en est de même, 1°. de la renonciation,

même gratuite , que fait un des héritiers au profit d'un ou de plusieurs de ses co-héritiers ;

2°. De la renonciation qu'il fait même au profit de tous ses co-héritiers indistinctement, lorsqu'il reçoit le prix de sa renonciation.

71. Lorsque celui à qui une succession est échue, est décédé sans l'avoir répudiée ou sans l'avoir acceptée expressément ou tacitement , ses héritiers peuvent l'accepter ou la répudier de son chef.

72. Si ces héritiers ne sont pas d'accord pour accepter ou pour répudier la succession , elle doit être acceptée sous bénéfice d'inventaire.

73. Le majeur ne peut attaquer l'acceptation expresse ou tacite qu'il a faite d'une succession , que dans le cas où cette acceptation aurait été la suite d'un dol pratiqué envers lui : il ne peut jamais réclamer sous pretexte de lésion , excepté seulement dans le cas où la succession se trouverait absorbée ou diminuée de plus de moitié, par la découverte d'un testament inconnu au moment de l'acceptation.

SECTION II.

De la renonciation aux successions.

(*) 74. La renonciation à une succession ne se présume pas : elle ne peut plus être faite qu'au

---

(*) Aucunes dispositions, à cet égard, dans les lois des assemblées nationales.

greffe du tribunal de première instance dans l'arrondissement duquel la succession s'est ouverte, sur un registre particulier tenu à cet effet.

75. L'héritier qui renonce, est censé n'avoir jamais été héritier.

76. La part du renonçant accroît à ses co-héritiers ; s'il est seul, elle est dévolue au degré subséquent.

77. On ne vient jamais par représentation d'un héritier qui a renoncé : si le renonçant est seul héritier de son degré, ou si tous ses co-héritiers renoncent, les enfans viennent de leur chef et succèdent par tête.

78. Les créanciers de celui qui renonce au préjudice de leurs droits, peuvent se faire autoriser en justice à accepter la succession du chef de leur débiteur, en son lieu et place.

Dans ce cas, la renonciation n'est annullée qu'en faveur des créanciers, et jusqu'à concurrence seulement de leurs créances : elle ne l'est pas au profit de l'héritier qui a renoncé.

79. La faculté d'accepter ou de répudier une succession, se prescrit par le laps de tems requis pour la prescription la plus longue des droits immobiliers.

80. Tant que la prescription du droit d'accepter n'est pas acquise contre les héritiers qui ont renoncé, ils ont la faculté d'accepter encore la succession, si elle n'a pas déjà été acceptée par d'autres héritiers ; sans préjudice néanmoins des

droits qui peuvent être acquis à des tiers sur les biens de la succession, soit par prescription, soit par actes valablement faits avec le curateur à la succession vacante.

81.-On ne peut, même par contrat de mariage, renoncer à la succession d'un homme vivant, ni aliéner les droits éventuels qu'on peut avoir à cette succession.

82. Les héritiers qui auraient diverti ou recélé des effets d'une succession, sont déchus de la faculté d'y renoncer : ils demeurent héritiers purs et simples, nonobstant leur renonciation, sans pouvoir prétendre aucune part dans les objets divertis ou recélés.

SECTION III.

Du bénéfice d'inventaire, de ses effets, et des obligations de l'héritier bénéficiaire.

(*) 83. La déclaration d'un héritier, qu'il entend ne prendre cette qualité que sous bénéfice d'inventaire, doit être faite au greffe du tribunal

----

(*) Même observation qu'à la section précédente : la législation des ordonnances a été exécutée jusqu'au code.

Cette observation générale s'applique également à tout le chapitre VI qui termine la loi des successions. Les auteurs de la loi du 17 nivôse, et des lois subséquentes, se sont bornés à arrêter les principes, à fixer les bases d'après lesquelles se diviseraient à

civil de première instance, dans l'arrondissement duquel la succession s'est ouverte : elle doit être inscrite sur le registre destiné à recevoir les actes de renonciation.

84. Cette déclaration n'a d'effet qu'autant qu'elle est précédée ou suivie d'un inventaire fidèle et exact des biens de la succession, dans les formes réglées par le code de la procédure civile, et dans les délais qui seront ci-après déterminés.

85. L'héritier a trois mois pour faire inventaire, à compter du jour de l'ouverture de la succession.

Il a, de plus, pour délibérer sur son acceptation ou sur sa renonciation, un délai de quarante jours, qui commencent à courir du jour de l'expiration des trois mois donnés pour l'inventaire, ou du jour de la clôture de l'inventaire s'il a été terminé avant les trois mois.

---

l'avenir les patrimoines, ajournant à un autre tems les réglemens nombreux que nécessitent les opérations successives, et les effets civils qu'elles produisent, comme inventaires, partages, rapports, garanties, contribution aux dettes, etc.

La loi de nivôse, il est vrai, a prescrit des rapports aux successibles, avantagés par les dispositions qu'elle annullait ; mais ces dispositions ne touchent en rien aux tems postérieurs dont nous nous occupons, puisque toutes libéralités (à peu de chose près), étant interdites, il ne peut plus, dans le nouvel ordre de choses, être question de rapporter, pour des avantages qui ne peuvent plus avoir lieu.

86. Si cependant il existe dans la succession, des objets susceptibles de dépérir ou dispendieux à conserver, l'héritier peut, en sa qualité d'habile à succéder, et sans qu'on puisse en induire de sa part une acceptation, se faire autoriser par justice à procéder à la vente de ces effets.

Cette vente doit être faite par officier public, après les affiches et publications réglées par le code de la procédure civile.

87. Pendant la durée des délais pour faire inventaire et pour délibérer, l'héritier ne peut être contraint à prendre qualité, et il ne peut être obtenu contre lui de condamnation : s'il renonce lorsque les délais sont expirés ou avant, les frais par lui faits légitimement jusqu'à cette époque, sont à la charge de la succession.

88. Après l'expiration des délais ci-dessus, l'héritier, en cas de poursuite dirigée contre lui, peut en demander un nouveau, que le tribunal saisi de la contestation accorde ou refuse suivant les circonstances.

89. Les frais de poursuite, dans le cas de l'article précédent, sont à la charge de la succession, si l'héritier justifie, ou qu'il n'avait pas eu connaissance du décès, ou que les délais ont été insuffisans, soit à raison de la situation des biens, soit à raison des contestations survenues : s'il n'en justifie pas, les frais restent à sa charge personnelle.

90. L'héritier conserve néanmoins, après l'expi-

ration des délais accordés par l'art. 85 , même de ceux donnés par le juge, conformément à l'art. 88 , la faculté de faire encore inventaire et de se porter héritier bénéficiaire, s'il n'a pas fait d'ailleurs acte d'héritier, ou s'il n'existe pas contre lui de jugement passé en force de chose jugée, qui le condamne en qualité d'héritier pur et simple.

91. L'héritier qui s'est rendu coupable de recélé, ou qui a omis sciemment et de mauvaise foi de comprendre dans l'inventaire, des effets de la succession, est déchu du bénéfice d'inventaire.

92. L'effet du bénéfice d'inventaire est de donner à l'héritier l'avantage ,

1°. De n'être tenu du paiement des dettes de la succession qu'à concurrence de la valeur des biens qu'il a recueillis, même de pouvoir se décharger du paiement des dettes, en abandonnant tous les biens de la succession aux créanciers et aux légataires ;

2°. De ne pas confondre ses biens personnels avec ceux de la succession , et de conserver contre elle le droit de réclamer le paiement de ses créances,

93. L'héritier bénéficiaire est chargé d'administrer les biens de la succession, et doit rendre compte de son administration, aux créanciers et aux légataires.

Il ne peut être contraint sur ses biens personnels qu'après avoir été mis en demeure de présenter son compte, et faute d'avoir satisfait à cette obligation.

Après l'apurement du compte, il ne peut être contraint sur ses biens personnels, que jusqu'à concurrence seulement des sommes dont il se trouve reliquataire.

94. Il n'est tenu que des fautes graves dans l'administration dont il est chargé.

95. Il ne peut vendre les meubles de la succession que par le ministère d'un officier public, aux enchères, et après les affiches et publications accoutumées.

S'il les représente en nature, il n'est tenu que de la dépréciation ou de la détérioration causée par sa négligence.

96. Il ne peut vendre les immeubles que dans les formes prescrites par le code de la procédure civile; il est tenu d'en déléguer le prix aux créanciers hypothécaires qui se sont fait connaître.

97. Il est tenu, si les créanciers ou autres personnes intéressées l'exigent, de donner caution bonne et solvable de la valeur du mobilier compris dans l'inventaire, et de la portion du prix des immeubles non déléguée aux créanciers hypothécaires.

Faute par lui de fournir cette caution, les meubles sont vendus, et leur prix est déposé, ainsi que la portion non déléguée du prix des immeubles, pour être employé à l'acquit des charges de la succession.

98. S'il y a des créanciers opposans, l'héritier

bénéficiaire ne peut payer que dans l'ordre et de la manière réglés par le juge.

S'il n'y a pas de créanciers opposans, il paie les créanciers et les légataires à mesure qu'ils se présentent.

99. Les créanciers non opposans qui ne se présentent qu'après l'apurement du compte et le paiement du reliquat, n'ont de recours à exercer que contre les légataires.

Dans l'un et l'autre cas, le recours se prescrit par le laps de trois ans, à compter du jour de l'apurement du compte et paiement du reliquat.

100. Les frais de scellés, s'il en a été apposé, d'inventaire et de compte, sont à la charge de la succession.

SECTION IV.

Des successions vacantes.

101. Lorsqu'après l'expiration des délais pour faire inventaire et pour délibérer, il ne se présente personne qui réclame une succession, qu'il n'y a pas d'héritier connu, ou que les héritiers connus y ont renoncé, cette succession est réputée vacante.

102. Le tribunal de première instance, dans l'arrondissement duquel elle est ouverte, nomme un curateur sur la demande des personnes intéressées, ou sur la réquisition du commissaire du gouvernement.

103. Le curateur à une succession vacante est

tenu, avant tout, d'en faire constater l'état par un inventaire : il en exerce et poursuit les droits; il répond aux demandes formées contre elle ; il administre, sous la charge de faire verser le numéraire qui se trouve dans la succession, ainsi que les deniers provenant du prix des meubles ou immeubles vendus, dans la caisse du receveur de la régie nationale, pour la conservation des droits, et à la charge de rendre compte à qui il appartiendra.

104. Les dispositions de la section III, sur les formes de l'inventaire, sur le mode d'administration et sur les comptes à rendre de la part de l'héritier bénéficiaire, sont au surplus communes aux curateurs à successions vacantes.

CHAPITRE VI.

Du partage et des rapports.

Section première.

De l'action en partage, et de sa forme.

105. Nul ne peut être contraint à demeurer dans l'indivision ; et le partage peut être toujours provoqué, nonobstant prohibitions et conventions contraires.

On peut cependant convenir de suspendre le partage pendant un tems limité : cette convention ne peut être obligatoire au-delà de cinq ans; mais elle peut être renouvelée.

106. Le partage peut être demandé, même quand l'un des co-héritiers aurait joui séparément de partie des biens de la succession, s'il n'y a eu un acte de partage, ou possession suffisante pour acquérir la prescription.

107. L'action en partage, à l'égard des co-héritiers mineurs ou interdits, peut être exercée par leurs tuteurs, spécialement autorisés par un conseil de famille.

A l'égard des co-héritiers absens, l'action appartient aux parens envoyés en possession.

108. Le mari peut, sans le concours de sa femme, provoquer le partage des objets meubles ou immeubles à elle échus qui tombent dans la communauté : à l'égard des objets qui ne tombent pas en communauté, le mari ne peut en provoquer le partage sans le concours de sa femme; il peut seulement, s'il a le droit de jouir de ses biens, demander un partage provisionnel.

Les co-héritiers de la femme ne peuvent provoquer le partage définitif, qu'en mettant en cause le mari et la femme.

109. Si tous les héritiers sont présens et majeurs, l'apposition de scellés sur les effets de la succession n'est pas nécessaire, et le partage peut être fait dans la forme et par tel acte que les parties intéressées jugent convenables.

Si tous les héritiers ne sont pas présens, s'il y

a parmi eux des mineurs ou des interdits, le scellé doit être apposé dans le plus bref délai, soit à la requête des héritiers, soit à la diligence du commissaire du Gouvernement, près le tribunal de première instance, soit d'office par le juge-de-paix dans l'arrondissement duquel la succession est ouverte.

110. Les créanciers peuvent aussi requérir l'apposition des scellés, en vertu d'un titre exécutoire ou d'une permission du juge.

111. Lorsque le scellé a été apposé, tous créanciers peuvent y former opposition, encore qu'ils n'aient ni titre exécutoire, ni permission du juge.

Les formalités pour la levée des scellés et la confection de l'inventaire, sont réglées par le code de la procédure civile.

112. L'action en partage, et les contestations qui s'élèvent dans le cours des opérations, sont soumises au tribunal du lieu de l'ouverture de la succession.

C'est devant ce tribunal qu'il est procédé aux licitations, et que doivent être portées les demandes relatives à la garantie des lots entre copartageans et celles en rescision du partage.

113. Si l'un des co-héritiers refuse de consentir au partage, ou s'il s'élève des contestations soit sur le mode d'y procéder, soit sur la manière de le terminer, ce tribunal prononce comme en matière sommaire, ou commet, s'il y a lieu, pour les opérations du partage, un des juges,

sur le rapport duquel il décide les contestations,

114. L'estimation des immeubles est faite par experts choisis par les parties intéressées, ou, à leur refus, nommés d'office.

Le procès-verbal des experts doit présenter les bases de l'estimation : il doit indiquer si l'objet estimé peut être commodément partagé ; de quelle manière ; fixer enfin, en cas de division, chacune des parts qu'on peut en former, et leur valeur.

115. L'estimation des meubles, s'il n'y a pas eu de prisée faite dans un inventaire régulier, doit être faite par gens à ce connaissant, à juste prix et sans crue.

116. Chacun des co-héritiers peut demander sa part en nature des meubles et immeubles de la succession : néanmoins, s'il y a des créanciers saisissans ou opposans, ou si la majorité des co-héritiers juge la vente nécessaire pour l'acquit des dettes et charges de la succession, les meubles sont vendus publiquement en la forme ordinaire.

117. Si les immeubles ne peuvent pas se partager commodément, il doit être procédé à la vente par licitation devant le tribunal.

Cependant les parties, si elles sont toutes majeures, peuvent consentir que la licitation soit faite devant un notaire, sur le choix duquel elles s'accordent.

118. Après que les meubles et immeubles ont été estimés et vendus, s'il y a lieu, le juge commissaire renvoie les parties devant un notaire

dont elles conviennent, ou nommé d'office, si les parties ne s'accordent pas sur le choix.

On procède devant cet officier aux comptes que les co-partageans peuvent se devoir, à la formation de la masse générale, à la composition des lots, et aux fournissemens à faire à chacun des co-partageans.

119. Chaque co-héritier fait rapport à la masse, suivant les règles qui seront ci-après établies, des dons qui lui ont été faits, et des sommes dont il est débiteur.

120. Si le rapport n'est pas fait en nature, les co-héritiers à qui il est dû, prélèvent une portion égale sur la masse de la successsion.

Les prélèvemens se font, autant que possible, en objets de même nature, qualité et bonté que les objets non rapportés en nature.

121. Après ces prélèvemens, il est procédé, sur ce qui reste dans la masse, à la composition d'autant de lots égaux qu'il y a d'héritiers co-partageans ou de souches co-partageantes.

122. Dans la formation et composition des lots, on doit éviter, autant que possible, de morceler les héritages et de diviser les exploitations; et il convient de faire entrer dans chaque lot, s'il se peut, la même quantité de meubles, d'immeubles, de droits ou de créances de même nature et valeur.

123. L'inégalité des lots en nature se compense par un retour, soit en rente, soit en argent.

124. Les lots sont faits par l'un des co-héritiers,

s'ils peuvent convenir entr'eux sur le choix, si celui qu'ils avaient chosi accepte la commission: dans le cas contraire , les lots sont faits par un expert que le juge-commissaire désigne.

Ils sont ensuite tirés au sort.

125. Avant de procéder au tirage des lots, chaque co-partageant est admis à proposer ses réclamations contre leur formation.

126. Les règles établies pour la division des masses à partager, sont également observées dans la subdivision à faire entre les souches co-partageantes.

127. Si, dans les opérations renvoyées devant un notaire, il s'élève des contestations, le notaire dressera procès-verbal des difficultés et des dires respectifs des parties, les renverra devant le commissaire nommé pour le partage ; et, au surplus, il sera procédé suivant les formes prescrites au code de la procédure civile.

128. Si tous les co-héritiers ne sont pas présens, ou s'il y a parmi eux des interdits ou des mineurs, même émancipés, le partage doit être fait en justice, conformément aux règles prescrites par les articles 109 et suivans, jusques et compris l'article précédent. S'il y a plusieurs mineurs qui aient des intérêts opposés dans le partage, il doit leur être donné à chacun un tuteur spécial et particulier.

129. S'il y a lieu à licitation, dans le cas du précédent article, elle ne peut être faite qu'en

justice avec les formalités prescrites pour l'aliénation des biens des mineurs. Les étrangers y sont
toujours admis.

130. Les partages faits conformément aux règles
ci-dessus prescrites, soit par les tuteurs, avec l'autorisation d'un conseil de famille, soit par les
mineurs émancipés, assistés de leurs curateurs,
soit au nom des absens ou non présens, sont définitifs : ils ne sont que provisionnels, si les règles
prescrites n'ont pas été observées.

131. Toute personne, même parente du défunt, qui n'est pas son successible, et à laquelle un
co-héritier aurait cédé son droit à la succession,
peut être écartée du partage, soit par tous les co-
éritiers, soit par un seul, en lui remboursant le
prix de la cession.

132. Après le partage, remise doit être faite à
chacun des co-partageans, des titres particuliers
aux objets qui lui seront échus.

Les titres d'une propriété divisée, restent à celui
qui a la plus grande part, à la charge d'en aider
ceux de ses co-partageans qui y auront intérêt,
quand il en sera requis.

Les titres communs à toute l'hérédité sont remis
à celui que tous les héritiers ont choisi pour en
être le dépositaire, à la charge d'en aider les
co-partageans, à toute réquisition. S'il y a dif-
culté sur ce choix, il est réglé par le juge.

Section II.

Des rapports.

133. Tout héritier, même bénéficiaire, venant à une succession, doit rapporter à ses co-héritiers tout ce qu'il a reçu du défunt, par donation entre-vifs, directement ou indirectement : il ne peut retenir les dons ni réclamer les legs à lui faits par le défunt, à moins que ces dons et legs ne lui aient été faits expressément par préciput et hors part, ou avec dispense du rapport.

134. Dans les cas même où les dons et legs auraient été faits par préciput ou avec dispense du rapport, l'héritier venant à partage, ne peut les retenir que jusqu'à concurrence de la quotité disponible : l'excédant est sujet à rapport.

135. L'héritier qui renonce à la succession, peut cependant retenir le don entre-vifs, ou réclamer le legs à lui fait, jusqu'à concurrence de la portion disponible.

136. Le donataire qui n'était pas héritier présomptif lors de la donation, mais qui se trouve successible au jour de l'ouverture de la succession, doit également le rapport, à moins que le donateur ne l'en ait dispensé.

137. Les dons et legs faits au fils de celui qui se trouve successible à l'époque de l'ouverture de la succession, sont toujours réputés faits avec dispense du rapport.

Le père venant à la succession du donataire, n'est pas tenu de les rapporter.

138. Pareillement, le fils venant de son chef à la succession du donateur, n'est pas tenu de rapporter le don fait à son père, même quand il aurait accepté la succession de celui-ci : mais si le fils ne vient que par représentation, il doit rapporter ce qui avait été donné à son père, même dans le cas où il aurait répudié sa succession.

139. Les dons et legs faits au conjoint d'un époux successible, sont réputés faits avec dispense du rapport.

Si les dons et legs sont faits conjointement à deux époux, dont l'un seulement est successible, celui-ci en rapporte la moitié; si les dons sont faits à l'époux successible, il les rapporte en entier.

140. Le rapport ne se fait qu'à la succession du donateur.

141. Le rapport est dû de ce qui a été employé pour l'établissement d'un des co-héritiers, ou pour le paiement de ses dettes.

142. Les frais de nourriture, d'entretien, d'éducation, d'apprentissage, les frais ordinaires d'équipement, ceux de noces et présens d'usage, ne doivent pas être rapportés.

143. Il en est de même des profits que l'héritier a pu retirer de conventions passées avec le défunt, si ces conventions ne présentaient aucun avantage indirect, lorsqu'elles ont été faites.

144. Pareillement, il n'est pas dû de rapport

pour les associations faites sans fraude, entre le défunt et l'un de ses héritiers, lorsque les conditions en ont été réglées par un acte authentique.

145. L'immeuble qui a péri par cas fortuit et sans la faute du donataire, n'est pas sujet à rapport.

146. Les fruits et les intérêts des choses sujettes à rapport, ne sont dus qu'à compter du jour de l'ouverture de la succession.

147. Le rapport n'est dû que par le co-héritier à son co-héritier; il n'est pas dû aux légataires ni aux créanciers de la succession.

148. Le rapport se fait en nature ou en moins prenant.

149. Il peut être exigé en nature, à l'égard des immeubles, toutes les fois que l'immeuble donné n'a pas été aliéné par le donataire, et qu'il n'y a pas, dans la succession, d'immeubles de même nature, valeur et bonté, dont on puisse former des lots à-peu-près égaux pour les autres co-héritiers.

150. Le rapport n'a lieu qu'en moins prenant, quand le donataire a aliéné l'immeuble avant l'ouverture de la succession; il est dû de la valeur de l'immeuble à l'époque de l'ouverture.

151. Dans tous les cas, il doit être tenu compte au donataire des impenses, qui ont amélioré la chose, eu égard à ce dont sa valeur se trouve augmentée au tems du partage.

152. Il doit être pareillement tenu compte au donataire, des impenses nécessaires qu'il a faites

pour

pour la conservation de la chose, encore qu'elles n'aient point amélioré le fonds.

153. Le donataire, de son côté, doit tenir compte des dégradations et détériorations qui ont diminué la valeur de l'immeuble, par son fait, ou par sa faute et négligence.

154. Dans le cas où l'immeuble est aliéné par le donataire, les améliorations ou dégradations faites par l'acquéreur doivent être imputées conformément aux trois articles précédens.

155. Lorsque le rapport se fait en nature, les biens se réunissent à la masse de la succession, francs et quittes de toutes charges créées par le donataire; mais les créanciers ayant hypothèque peuvent intervenir au partage, pour s'opposer à ce que le rapport se fasse en fraude de leurs droits.

156. Lorsque le don d'un immeuble fait à un successible, avec dispense du rapport, excède la portion disponible, le rapport de l'excédant se fait en nature, si le retranchement de cet excédant peut s'opérer commodément.

Dans le cas contraire, si l'excédant est de plus de moitié de la valeur de l'immeuble, le donataire doit rapporter l'immeuble en totalité, sauf à prélever, sur la masse, la valeur de la portion disponible : si cette portion excède la moitié de la valeur de l'immeuble, le donataire peut retenir l'immeuble en totalité, sauf à moins prendre et à récompenser ses co-héritiers, en argent ou autrement.

157. Le co-héritier qui fait le rapport en nature

d'un immeuble, peut en retenir la possession jusqu'au remboursement effectif des sommes qui lui sont dues pour impenses ou améliorations.

158. Le rapport du mobilier ne se fait qu'en moins prenant.

Il se fait sur le pied de la valeur du mobilier lors de la donation, d'après l'état estimatif annexé à l'acte; et, à défaut de cet état, d'après une estimation par experts, à juste prix et sans crue.

159. Le rapport de l'argent donné se fait en moins prenant dans le numéraire de la succession.

En cas d'insuffisance, le donataire peut se dispenser de rapporter du numéraire, en abandonnant, jusqu'à due concurrence, du mobilier, et à défaut de mobilier, des immeubles de la succession.

Section III.

Du paiement des dettes.

160. Les co-héritiers contribuent entre eux au paiement des dettes et charges de la succession, chacun dans la proportion de ce qu'il y prend.

161. Le légataire à titre universel contribue avec les héritiers, au prorata de son émolument; mais le légataire particulier n'est pas tenu des dettes et charges, sauf toutefois l'action hypothécaire sur l'immeuble légué.

162. Lorsque des immeubles d'une succession sont grevés de rentes par hypothèque spéciale,

chacun des co-héritiers peut exiger que les rentes soient remboursées, et les immeubles rendus libres avant qu'il soit procédé à la formation des lots : si les co-héritiers partagent la succession dans l'état où elle se trouve, l'immeuble grevé doit étre estimé au même taux que les autres immeubles ; il est fait déduction du capital de la rente sur le prix total ; l'héritier, dans le lot duquel tombe cet immeuble, demeure seul chargé du service de la rente, et il doit en garantir ses co-héritiers.

163. Les héritiers sont tenus des dettes et charges de la succession, personnellement pour leur part et portion virile, et hypothécairement pour le tout ; sauf leur recours, soit contre leurs co-héritiers, soit contre les légataires universels, à raison de la part pour laquelle ils doivent y contribuer.

164. Le légataire particulier qui a acquitté la dette dont l'immeuble légué était grevé, demeure subrogé aux droits du créancier contre les héritiers et successeurs à titre universel.

165. Le co-héritier ou successeur à titre universel, qui, par l'effet de l'hypothèque, a payé au-delà de sa part de la dette commune, n'a de recours contre les autres co-héritiers ou successeurs à titre universel, que pour la part que chacun d'eux doit personnellement en supporter, même dans le cas où le co-héritier qui a payé la dette se serait fait subroger aux droits des créanciers ; sans préjudice néanmoins des droits d'un co-héritier qui, par l'effet du bénéfice d'inventaire, aurait

conservé la faculté de réclamer le paiement de sa créance personnelle, comme tout autre créancier.

166. En cas d'insolvabilité d'un des co-héritiers ou successeurs à titre universel, sa part dans la dette hypothécaire est répartie sur tous les autres, au marc le franc.

167. Les titres exécutoires contre le défunt sont pareillement exécutoires contre l'héritier personnellement; et néanmoins les créanciers ne pourront en poursuivre l'exécution que huit jours après la signification de ces titres à la personne ou au domicile de l'héritier.

168. Ils peuvent demander, dans tous les cas, et contre tout créancier, la séparation des patrimoines du défunt d'avec le patrimoine de l'héritier.

169. Ce droit ne peut cependant plus être exercé, lorsqu'il y a novation dans la créance contre le défunt, par l'acceptation de l'héritier pour débiteur.

170. Il se prescrit, relativement aux meubles, par le laps de trois ans.

A l'égard des immeubles, l'action peut être exercée tant qu'ils existent dans la main de l'héritier.

171. Les créanciers de l'héritier ne sont point admis à demander la séparation des patrimoines contre les créanciers de la succession.

172. Les créanciers d'un co-partageant, pour

éviter que le partage ne soit fait en fraude de leurs droits, peuvent s'opposer à ce qu'il y soit procédé hors de leur présence : ils ont le droit d'y intervenir à leurs frais ; mais ils ne peuvent attaquer un partage consommé, à moins toutefois qu'il n'y ait été procédé sans eux et au préjudice d'une opposition qu'ils auraient formée.

Section IV.

Des effets du partage, et de la garantie des lots.

173. Chaque co-héritier est censé avoir succédé seul et immédiatement à tous les effets compris dans son lot, ou à lui échus sur licitation, et n'avoir jamais eu la propriété des autres effets de la succession.

174. Les co-héritiers demeurent respectivement garans, les uns envers les autres, des troubles et évictions seulement qui procèdent d'une cause antérieure au partage.

La garantie n'a pas lieu, si l'espèce d'éviction soufferte a été exceptée par une clause particulière et expresse de l'acte de partage ; elle cesse, si c'est par sa faute que le co-héritier souffre l'éviction.

175. Chacun des co-héritiers est personnellement obligé, en proportion de sa part héréditaire, d'indemniser son co-héritier de la perte que lui a causée l'éviction.

Si l'un des co-héritiers se trouve insolvable, la portion dont il est tenu doit être également répartie entre le garanti et tous les co-héritiers solvables.

176. La garantie de la solvabilité du débiteur d'une rente ne peut être exercée que dans les cinq ans qui suivent le partage. Il n'y a pas lieu à garantie à raison de l'insolvabilité du débiteur, quand elle n'est survenue que depuis le partage consommé.

Section V.

De la rescision en matière de partage.

177. Les partages peuvent être rescindés pour cause de violence ou de dol.

Il peut aussi y avoir lieu à rescision, lorsqu'un des co-héritiers établit, à son préjudice, une lésion de plus du quart. La simple omission d'un objet de la succession ne donne pas ouverture à l'action en rescision, mais seulement à un supplément à l'acte de partage.

178. L'action en rescision est admise contre tout acte qui a pour objet de faire cesser l'indivision entre co-héritiers, encore qu'il fût qualifié de vente, d'échange et de transaction, ou de toute autre manière.

Mais après le partage, ou l'acte qui en tient lieu, l'action en rescision n'est plus admissible contre la transaction faite sur les difficultés réelles que présentait le premier acte, même quand il n'y aurait pas eu, à ce sujet, de procès commencé.

179. L'action n'est pas admise contre une vente de droit successif, faite sans fraude à l'un des cohéritiers, à ses risques et périls, par ses autres cohéritiers, ou par l'un d'eux.

180. Pour juger s'il y a eu lésion, on estime les objets suivant leur valeur à l'époque du partage.

181. Le défendeur à la demande en rescision, peut en arrêter le cours et empêcher un nouveau partage, en offrant et en fournissant au demandeur le supplément de sa portion héréditaire, soit en numéraire, soit en nature.

182. Le co-héritier qui a aliéné son lot en tout ou partie, n'est plus recevable à intenter l'action en rescision pour dol ou violence, si l'aliénation qu'il a faite est postérieure à la découverte du dol, ou à la cessation de la violence.

Collationné à l'original, par nous président et secrétaires du corps législatif. A Paris, le 29 germinal an XI de la république française. *Signé* FAULCON, *président;* F. A. TRUMEAU, GRAPPE, LIGNIVILLE, HEMAR, *secrétaires.*

Soit la présente loi revêtue du sceau de l'État, insérée au bulletin des lois, inscrite dans les registres des autorités judiciaires et administratives, et le grand-juge, ministre de la justice, chargé d'en surveiller la publication. A Saint-Cloud, le 9 floréal an XI de la république.

Signé BONAPARTE, *premier consul.* Contre-signé, *le secrétaire d'état,* HUGUES, B. MARET. Et scellé du sceau de l'État.

Vu, *le grand-juge, ministre de la justice,*

Signé REGNIER.

EXTRAIT

De la Loi relative à la jouissance et privation des droits civils.

Du 17 ventôse an 11 de la République française.

SECTION II.

De la privation des droits civils par suite des condamnations judiciaires.

ARTICLE 22.

Les condamnations à des peines dont l'effet est de priver celui qui est condamné, de toute participation aux droits civils ci-après exprimés, emporteront la mort civile.

23. La condamnation à la mort naturelle emportera la mort civile.

24. Les autres peines afflictives perpétuelles n'emporteront la mort civile qu'autant que la loi y aurait attaché cet effet.

25. Par la mort civile, le condamné perd la propriété de tous les biens qu'il possédait ; sa succession est ouverte au profit de ses héritiers, auxquels ses biens sont dévolus, de la même manière que s'il était mort naturellement et sans testament.

H 3

Il ne peut plus ni recueillir aucune succession, ni transmettre, à ce titre, les biens qu'il a acquis par la suite.

Il ne peut ni disposer de ses biens, en tout ou en partie, par donation entre-vifs, ni par testament, ni recevoir à ce titre, si ce n'est pour cause d'alimens.

Il ne peut être nommé tuteur, ni concourir aux opérations relatives à la tutèle.

Il ne peut être témoin dans un acte solennel ou authentique, ni être admis à porter témoignage en justice.

Il ne peut procéder en justice, ni en défendant, ni en demandant, que sous le nom et par le ministère d'un curateur spécial, qui lui est nommé par le tribunal où l'action est portée.

Il est incapable de contracter un mariage qui produise aucun effet civil.

Le mariage qu'il avait contracté précédemment est dissous, quant à tous ses effets civils.

Son époux et ses héritiers peuvent exercer respectivement les droits et les actions auxquels sa mort naturelle donnerait ouverture.

26. Les condamnations contradictoires n'emportent la mort civile qu'à compter du jour de leur exécution, soit réelle, soit par effigie.

27. Les condamnations par contumace n'emporteront la mort civile qu'après les cinq années qui suivront l'exécution du jugement par effigie, et pendant lesquelles le condamné peut se représenter.

28. Les condamnés par contumace seront, pendant les cinq ans, ou jusqu'à ce qu'ils se représentent ou qu'ils soient arrêtés pendant ce délai, privés de l'exercice des droits civils.

Leurs biens seront administrés et leurs droits exercés de même que ceux des absens.

29. Lorsque le condamné par contumace se présentera volontairement dans les cinq années, à compter du jour de l'exécution, ou lorsqu'il aura été saisi et constitué prisonnier dans ce délai, le jugement sera anéanti de plein droit; l'accusé sera remis en possession de ses biens : il sera jugé de nouveau; et si, par ce nouveau jugement, il est condamné à la même peine ou à une peine différente emportant également la mort civile, elle n'aura lieu qu'à compter du jour de l'exécution du second jugement.

30. Lorsque le condamné par contumace, qui ne se sera représenté ou qui n'aura été constitué prisonnier qu'après les cinq ans, sera absous par le nouveau jugement, ou n'aura été condamné qu'à une peine qui n'emportera pas la mort civile, il rentrera dans la plénitude de ses droits civils, pour l'avenir, et à compter du jour où il aura reparu en justice; mais le premier jugement conservera, pour le passé, les effets qu'avait produits la mort civile dans l'intervalle écoulé depuis l'époque de l'expiration des cinq ans, jusqu'au jour de sa comparution en justice.

31. Si le condamné par contumace meurt dans

le délai de grace des cinq années sans s'être représenté, ou sans avoir été saisi ou arrêté, il sera réputé mort dans l'intégrité de ses droits. Le jugement de contumace sera anéanti de plein droit,
sans préjudice néanmoins de l'action de la partie
civile, laquelle ne pourra être intentée contre les
héritiers du condamné que par la voie civile.

32. En aucun cas, la prescription de la peine ne
réintégrera le condamné dans ses droits civils pour
l'avenir.

33. Les biens acquis par le condamné, depuis
la mort civile encourue, et dont il se trouvera en
possession au jour de sa mort naturelle, appartien-
dront à la nation par droit de déshérence.

Néanmoins le gouvernement en pourra faire,
au profit de la veuve, des enfans ou parens du
condamné, telles dispositions que l'humanité lui
suggérera.

EXTRAIT

De la Loi relative aux absens.

Du 24 ventôse an 11 de la République française.

CHAPITRE II.

De la déclaration d'absence.

ARTICLE 115.

Lorsqu'une personne aura cessé de paraître au lieu de son domicile ou de sa résidence, et que depuis quatre ans on n'en aura point eu de nouvelles, les parties intéressées pourront se pourvoir devant le tribunal de première instance, afin que l'absence soit déclarée.

116. Pour constater l'absence, le tribunal, d'après les pièces et documens produits, ordonnera qu'une enquête soit faite contradictoirement avec le commissaire du gouvernement, dans l'arrondissement du domicile, et dans celui de la résidence, s'ils sont distincts l'un de l'autre.

117. Le tribunal, en statuant sur la demande, aura d'ailleurs égard aux motifs de l'absence, et aux causes qui ont pu empêcher d'avoir des nouvelles de l'individu présumé absent.

118. Le commissaire du gouvernement enverra,

aussi-tôt qu'ils seront rendus, les jugemens tant préparatoires que définitifs, au grand-juge ministre de la justice, qui les rendra publics.

119. Le jugement de déclaration d'absence ne sera rendu qu'un an après le jugement qui aura ordonné l'enquête.

CHAPITRE III.

Des effets de l'absence.

SECTION PREMIÈRE.

Des effets de l'absence, relativement aux biens que l'absent possédait au jour de sa disparition.

120. Dans le cas où l'absent n'aurait point laissé de procuration pour l'administration de ses biens, ses héritiers présomptifs, au jour de sa disparition ou de ses dernières nouvelles, pourront, en vertu du jugement définitif qui aura déclaré l'absence, se faire envoyer en possession provisoire des biens qui appartenaient à l'absent au jour de son départ ou de ses dernières nouvelles, à la charge de donner caution pour la sûreté de leur administration.

121. Si l'absent a laissé une procuration, ses héritiers présomptifs ne pourront poursuivre la déclaration d'absence et l'envoi en possession provisoire, qu'après dix années révolues depuis sa disparition ou depuis ses dernières nouvelles.

122. Il en sera de même si la procuration vient à cesser; et, dans ce cas, il sera pourvu à l'ad-

ministration des biens de l'absent, comme il est dit au chapitre premier.

123. Lorsque les héritiers présomptifs auront obtenu l'envoi en possession provisoire, le testament, s'il en existe un, sera ouvert à la réquisition des parties intéressées, ou du commissaire du gouvernement près le tribunal; et les légataires, les donataires, ainsi que tous ceux qui avaient sur les biens de l'absent des droits subordonnés à la condition de son décès, pourront les exercer provisoirement, à la charge de donner caution.

124. L'époux commun en biens, s'il opte pour la continuation de la communauté, pourra empêcher l'envoi provisoire, et l'exercice provisoire de tous les droits subordonnés à la condition du décès de l'absent, et prendre ou conserver par préférence l'administration des biens de l'absent : si l'époux demande la dissolution provisoire de la communauté, il exercera ses reprises et tous ses droits légaux et conventionnels, à la charge de donner caution pour les choses susceptibles de restitution.

La femme, en optant pour la continuation de la communauté, conservera le droit d'y renoncer ensuite.

125. La possession provisoire ne sera qu'un dépôt, qui donnera à ceux qui l'obtiendront, l'administration des biens de l'absent, et qui les rendra comptables envers lui, en cas qu'il reparaisse, ou qu'on ait de ses nouvelles.

126. Ceux qui auront obtenu l'envoi provisoire, ou l'époux qui aura opté pour la continuation de la communauté, devront faire procéder à l'inventaire du mobilier et des titres de l'absent, en présence du commissaire du gouvernement près le tribunal de première instance, ou d'un juge de paix requis par ledit commissaire.

Le tribunal ordonnera, s'il y a lieu, de vendre tout ou partie du mobilier. Dans le cas de vente, il sera fait emploi du prix, ainsi que des fruits échus.

Ceux qui auront obtenu l'envoi provisoire, pourront requérir, pour leur sûreté, qu'il soit procédé par un expert, nommé par le tribunal, à la visite des immeubles, à l'effet d'en constater l'état. Son rapport sera homologué en présence du commissaire du gouvernement : les frais en seront pris sur les biens de l'absent.

127. Ceux qui, par suite de l'envoi provisoire ou de l'administration légale, auront joui des biens de l'absent, ne seront tenus de lui rendre que le cinquième des revenus, s'il reparaît avant quinze ans révolus depuis le jour de sa disparition ; et le dixième, s'il ne reparaît qu'après les quinze ans.

Après trente ans d'absence, la totalité des revenus leur appartiendra.

128 Tous ceux qui ne jouiront qu'en vertu de l'envoi provisoire, ne pourront aliéner ni hypothéquer les immeubles de l'absent.

129 Si l'absence a continué pendant trente ans depuis l'envoi provisoire, ou depuis l'époque à

laquelle l'époux commun aura pris l'administration des biens de l'absent, ou s'il s'est écoulé cent
ans révolus depuis la naissance de l'absent, les
cautions seront déchargées ; tous les ayant droits
pourront demander le partage des biens de l'absent,
et faire prononcer l'envoi en possession définitive
par le tribunal de première instance.

130. La succession de l'absent sera ouverte du
jour de son décès prouvé, au profit des héritiers
les plus proches à cette époque ; et ceux qui auraient joui des biens de l'absent, seront tenus de
les restituer, sous la réserve des fruits par eux acquis en vertu de l'article 127.

131. Si l'absent reparaît, ou si son existence est
prouvée pendant l'envoi provisoire, les effets du
jugement qui aura déclaré l'absence, cesseront,
sans préjudice, s'il y a lieu, des mesures conservatoires prescrites pour l'administration de ses
biens, au chapitre premier.

132. Si l'absent reparaît, ou si son existence est
prouvée, même après l'envoi définitif, il recou-
vrera ses biens dans l'état où ils se trouveront, le
prix de ceux qui auraient été aliénés, ou les biens
provenant de l'emploi qui aurait été fait du prix
de ses biens vendus.

133. Les enfans et descendans directs de l'absent
pourront également dans les trente ans, à compter
de l'envoi définitif, demander la restitution de ses
biens, comme il est dit en l'article précédent.

134. Après le jugement de déclaration d'ab-

sence, toute personne qui aurait des droits à exercer contre l'absent, ne pourra les poursuivre que contre ceux qui auront été envoyés en possession des biens, ou qui en auront l'administration légale.

SECTION II.

Des effets de l'absence, relativement aux droits éventuels qui peuvent compéter à l'absent.

135. Quiconque réclamera un droit échu à un individu dont l'existence ne sera pas reconnue, devra prouver que ledit individu existait quand le droit a été ouvert : jusqu'à cette preuve, il sera déclaré non recevable dans sa demande.

136. S'il s'ouvre une succession à laquelle soit appelé un individu dont l'existence n'est pas reconnue, elle sera dévolue exclusivement à ceux avec lesquels il aurait eu le droit de concourir, ou à ceux qui l'auraient recueillie à son défaut.

137. Les dispositions des deux articles précédens auront lieu sans préjudice des actions en pétition d'hérédité et d'autres droits, lesquels compéteront à l'absent ou à ses représentans ou ayant cause, et ne s'éteindront que par le laps de tems établi pour la prescription.

138. Tant que l'absent ne se représentera pas, ou que les actions ne seront point exercées de son chef, ceux qui auront recueilli la succession gagneront les fruits par euxperçus de bonne foi.

EXTRAIT

De la Loi relative à l'adoption.

Du 2 germinal an 11 de la République française.

SECTION PREMIÈRE.

De l'adoption et de ses effets.

ARTICLE 337.

L'adoption n'est permise qu'aux personnes de l'un ou de l'autre sexe, âgées de plus de cinquante ans, qui n'auront, à l'époque de l'adoption, ni enfans, ni descendans légitimes, et qui auront au moins quinze ans de plus que les individus qu'elles se proposent d'adopter.

338. Nul ne peut être adopté par plusieurs, si ce n'est par deux époux.

Hors le cas de l'article 360 ci-après, nul époux ne peut adopter qu'avec le consentement de l'autre conjoint.

339. La faculté d'adopter ne pourra être exercée qu'avec l'individu à qui l'on aura, dans sa minorité et pendant six ans au moins, fourni des secours, et donné des soins non interrompus, ou envers celui qui aurait sauvé la vie à l'adoptant, soit dans

un combat, soit en le retirant des flammes ou des flots.

Il suffira, dans ce deuxième cas, que l'adoptant soit majeur, plus âgé que l'adopté, sans enfans ni descendans légitimes; et s'il est marié, que son conjoint consente à l'adoption.

340. L'adoption ne pourra, en aucun cas, avoir lieu avant la majorité de l'adopté. Si l'adopté, ayant encore ses père et mère, ou l'un des d'eux, n'a point accompli sa vingt-cinquième année, il sera tenu de rapporter le consentement donné à l'adoption par ses père et mère, ou par le survivant; et s'il est majeur de vingt-cinq ans, de requérir leur conseil.

341. L'adoption conférera le nom de l'adoptant à l'adopté, en l'ajoutant au nom propre de ce dernier.

342. L'adopté restera dans sa famille naturelle, et y conservera tous ses droits : néanmoins le mariage est prohibé entre l'adoptant, l'adopté et ses descendans;

Entre les enfans adoptifs du même individu;

Entre l'adopté et les enfans qui pourraient survenir à l'adoptant;

Entre l'adopté et le conjoint de l'adoptant, et réciproquement entre l'adoptant et le conjoint de l'adopté.

343. L'obligation naturelle qui continuera d'exister entre l'adopté et ses père et mère, de se fournir des alimens dans les cas déterminés par

la loi, sera considérée comme commune à l'adoptant et à l'adopté, l'un envers l'autre.

(*) 344. L'adopté n'acquerra aucun droit de successibilité sur les biens des parens de l'adoptant ; mais il aura sur la succession de l'adoptant les mêmes droits que ceux qu'y aurait l'enfant né en mariage, même quand il y aurait d'autres enfans de cette dernière qualité, nés depuis l'adoption.

(*) La loi du 18 janvier 1792 a autorisé l'adoption, mais sans régler ses effets à l'égard de l'adopté.

Un décret d'ordre du jour du 16 frimaire an 3, a autorisé les juges de paix, jusqu'à ce qu'il eût été statué sur les effets des adoptions faites antérieurement à la promulgation du code civil, s'ils en étaient requis par les parties intéressées, à lever les scellés, pour la vente du mobilier être faite, après inventaire, sur l'avis d'une assemblée de parens, et sauf le dépôt, jusqu'au réglement des droits des parties.

Les choses en sont resté là depuis cette époque.

Enfin la loi transitoire du 25 germinal an 11, a définitivement statué sur ces droits, et fait cesser toutes les incertitudes.

Nous transcrivons ici les cinq derniers articles de cette loi.

3. Les adoptions auxquelles l'adopté n'aura point renoncé, produiront les effets suivans :

Si ces droits ont été réglés par acte ou contrat authentique, disposition entre-vifs ou à cause de mort, faits sans lésion de légitime d'enfant, transaction ou jugement passé en force de chose jugée, il ne sera porté aucune atteinte auxdits acte, contrat, disposition, transaction ou jugement, lesquels seront exécutés selon leur forme et teneur.

4. En l'absence ou à défaut de toute espèce d'actes authentiques spécifiant ce que l'adoptant a voulu donner à l'adopté, celui-ci jouira de tous les droits accordés par le code civil, si, dans les six mois qui suivront la publication de la présente loi, l'adoptant ne se présente devant le juge de paix de son domicile, pour y affirmer que son intention n'a pas été de conférer à l'adopté tous les droits de successibilité qui appartiendraient à un enfant légitime.

Cette faculté d'affirmer l'intention, est un droit personnel à l'adoptant, et n'appartiendra point à ses héritiers.

345. Si l'adopté meurt sans descendans légitimes, les choses données par l'adoptant, ou recueillies dans sa succession, et qui existeront en nature lors du décès de l'adopté, retourneront à l'adoptant ou à ses descendans, à la charge de contribuer aux dettes, et sans préjudice des droits des tiers.

Le surplus des biens de l'adopté appartiendra à ses propres parens; et ceux-ci excluront toujours, pour les objets même spécifiés au présent article, tous héritiers de l'adoptant autres que ses descendans.

346. Si du vivant de l'adoptant, et après le décès de l'adopté, les enfans ou descendans laissés par celui-ci mouraient eux-mêmes sans postérité, l'adoptant succédera aux choses par lui données, comme il est dit en l'article précédent; mais ce droit sera inhérent à la personne de l'adoptant, et non transmissible à ses héritiers, même en ligne descendante.

---

5. Dans le cas où l'adoptant aurait fait l'affirmation énoncée dans l'article précédent et dans le délai prescrit par cet article, les droits de l'adopté seront, quant à la successibilité, limités au tiers de ceux qui auraient appartenu à un enfant légitime.

6. S'il résultait de l'un des actes maintenus par l'article III, que les droits de l'adopté fussent inférieurs à ceux accordés par le code civil, ceux-ci pourront lui être conféré, en entier par une nouvelle adoption dont l'instruction aura lieu conformément aux dispositions du code, mais sans autres conditions de la part de l'adoptant, que d'être sans enfans ni descendans légitimes, d'avoir quinze ans de plus que l'adopté, et si l'adoptant est marié, d'obtenir le consentement de l'autre époux.

7. Les articles 341, 342, 343, 345 et 346 du code civil, au titre de l'*Adoption*, sont au surplus déclarés communs à tous les individus adoptés depuis le décret du 18 janvier 1792, et autres lois y relatives.

MOTIFS

Exposés au Corps législatif par le C. TREILHARD, conseiller d'État, sur la loi relative aux Successions.

CITOYENS LÉGISLATEURS,

LE gouvernement vous présente, par notre organe, le projet de loi sur les successions, c'est-à-dire, le testament présumé de toute personne qui décéderait sans avoir valablement exprimé une volonté différente.

La société se perpétue par les mariages : son organisation serait imparfaite s'il n'existait pas aussi un moyen de transmettre les propriétés de la génération présente à la génération future.

Chacun laisse en mourant une place vacante : nous avons des biens à régir, des droits à exercer, des charges à supporter ; l'héritier est un autre nous-même qui nous représente dans la société : il y jouit de nos biens ; il y remplit nos obligations.

Ce remplacement ne peut s'opérer que de deux manières, ou par la force de la loi qui nous donne un successeur, ou par la volonté de l'homme qui désigne lui-même la personne qui doit le remplacer.

Toutes les législations sur cette matière sont nécessairement formées de la combinaison diverse de ces deux espèces de transmissions.

Il eût été dur, injuste, d'interdire des actes de confiance, de bienfaisance, j'aurais pu dire de justice, envers ceux dont nous aurions reçu des témoignages constans d'affection pendant tout le cours de notre vie. Il fallait aussi suppléer à l'oubli, à la négligence de l'homme que la mort aurait frappé, avant qu'il eût disposé de ses propriétés : la transmission des droits et des biens doit donc s'opérer, soit par la loi, soit par la volonté de l'homme; et nous distinguons les héritiers légitimes (ceux appelés par la loi), des héritiers institués (ceux appelés par des actes de dernière volonté).

Un projet vous sera présenté sur la faculté de disposer : il s'agit aujourd'hui des successions légitimes, de celles qui sont déférées par la force de la loi, quand elle supplée au silence de l'homme.

Déjà vous concevez, citoyens Législateurs, combien il importe de se pénétrer de toutes les affections naturelles et légitimes lorsqu'on trace un ordre de successions : on dispose pour tous ceux qui meurent sans avoir disposé. La loi présume qu'ils n'ont eu d'autre volonté que la sienne; elle doit donc prononcer comme eût prononcé le défunt fùnt lui-même, au dernier instant de sa vie, s'il eût pu, ou s'il eût voulu s'expliquer.

Tel est l'esprit dans lequel doit être méditée une bonne loi sur cette matière. Que chacun descende dans son propre cœur ; il y trouvera gravé en caractères ineffaçables le véritable ordre de succéder.

Le bienfait de la vie que des enfans tiennent de leur père, est pour eux un titre sacré à la possession de ses biens : voilà les premiers héritiers.

Il n'est pas dans l'ordre de la nature qu'un père ferme les yeux de son fils ; mais lorsque l'ordre de la nature est interverti, quel législateur pourrait enlever à un malheureux père la succession de ses enfans ?

Enfin, s'il n'existe pas de parens dans la ligne directe, les collatéraux les plus proches sont présumés de droit les premiers dans l'ordre des affections. Sans doute cette présomption n'a pas la même force que celle qui appèle respectivement les pères et les enfans : la nature avait en quelque manière établi entr'eux une communauté de biens ; et leur succession n'est, pour ainsi dire, qu'une jouissance continuée. Il n'en est pas de même entre collatéraux : mais, dans le silence de l'homme, la loi n'a pu adopter à leur égard d'autre règle que la proximité.

Voilà en général l'ordre des successions, suivant le vœu de la nature. Malheur à ceux qui auraient besoin de raisonnement et de discussion

Code des Successions. An XI. I

pour reconnaître une vérité toute de sentiment !

Mais ce principe général peut éprouver, dans son application, de grandes difficultés qu'il a été nécessaire de prévoir et de résoudre.

Elles peuvent naître sur l'époque précise de l'ouverture d'une succession, sur les qualités et les droits de ceux qui se présentent comme héritiers, sur les obligations dont ils sont tenus, sur la nature des biens, sur leur partage.

Je ramenerai toutes les questions à trois points fondamentaux : droits des héritiers légitimes, droits des appelés à défaut de parens, acceptation et partage des successions.

J'expliquerai les principes auxquels se rattachent les nombreuses dispositions de détail. Je ne pourrai peut-être pas donner sur chaque base tout le développement dont elle serait susceptible ; mais je tâcherai, dans cette vaste matière, de saisir les motifs principaux. Votre sagacité suppléera facilement au reste.

La première question qui peut se présenter dans une succession, c'est celle de savoir à quelle époque elle est ouverte ; on conçoit combien cette question est importante ; car les héritiers peuvent être différens suivant que la succession est ouverte ou plutôt ou plus tard.

La réponse paraît facile. C'est à l'instant du décès que s'ouvre une succession ; c'est dans cet instant physique que l'héritier est censé prendre la place du défunt ; c'est ce que nos coutumes

avaient si énergiquement exprimé par ces mots :
Le mort saisit le vif. Les biens, les droits d'un défunt ne peuvent pas rester en suspens : il est remplacé au moment où il décède ; et il a pour héritier
celui qui, à ce même instant, se trouve appelé
par la loi.

Nulle différence sur ce point entre la mort
naturelle et la mort civile : c'est toujours l'époque
de la mort, qui saisit l'héritier.

Mais il peut arriver que plusieurs personnes,
dont les unes doivent succéder aux autres, décèdent
dans un même évènement, et sans qu'on puisse
connaître précisément laquelle est morte la dernière. C'est cependant celle - ci qui a hérité des
autres, et dont la succession se trouve grossie des
biens qui appartenaient aux premiers décédés.

Il a bien fallu recourir aux présomptions, à
défaut de preuves, et donner des règles certaines
pour déterminer un ordre, dans lequel on doit
supposer que les trépas se sont suivis.

C'est d'abord par les circonstances du fait qu'il
faut décider, s'il est possible, la question de la
survie : mais si l'on ne peut tirer aucune lumière
des circonstances du fait, c'est dans la force de
l'âge ou du sexe qu'il faut puiser, je ne dirai pas
des preuves, mais les conjectures les plus vrai-
semblables.

Dans l'âge où les forces humaines prennent de
l'accroissement, le plus âgé sera présumé avoir survécu, comme étant le plus fort : par la meme rai-

son, dans l'âge du dépérissement, la présomption
sera pour le moins âgé : dans l'âge intermédiaire,
on supposera que c'est le mâle qui aura survécu,
comme le plus capable / de résister ; et si les
personnes sont du même sexe, la présomption
de survie, qui donnera ouverture à la succession
dans l'ordre de la nature, sera admise.

Voilà, citoyens Législateurs, les règles adoptées
par le projet. Elles ne sont pas nouvelles : elles
avaient été sanctionnées par la jurisprudence ; et
je ne crois pas que, dans la fatale obscurité qui
enveloppe un évènement de cette nature, on ait
pu établir des règles sur des bases plus sages.

Au moment où la succession est ouverte, s'ouvre aussi le droit de l'héritier : la place du défunt
ne peut pas rester vacante, ni le sort de ses propriétés incertain : de-là il résulte que pour être
habile à succéder à une personne, il faut nécessairement exister à l'instant de son décès ; et
par conséquent, ni l'enfant qui n'est pas encore
conçu, ni l'enfant qui n'est pas né viable, ne peuvent être héritiers : le néant ne peut pas occuper
une place.

Celui qui est mort civilement n'est pas moins
incapable de succéder : c'est le néant dans la vie
civile.

Mais celui qui se trouve en effet parent, au
degré que la loi appèle à la succession, héri-
tera-t-il toujours et dans tous les cas ? la capacité
qu'il tient de la nature ne pourra-t-elle pas être

effacée par quelques vices inhérens à sa personne?

L'ordre de succéder établi par la loi est fondé sur une présomption d'affection du défunt pour ses parens plus proches; or, il est de la nature de toute présomption de céder à la vérité contraire, quand elle est démontrée, ou même à des présomptions plus graves.

Si l'héritier de la loi avait été condamné pour avoir tué ou tenté de tuer le défunt; s'il avait porté contre lui une accusation capitale qu'on aurait déclarée calomnieuse; si, étant majeur et instruit du meurtre du défunt, il ne l'avait pas dénoncé pour faire punir le meurtrier: la loi qui l'appèle à la succession pourrait-elle s'accorder avec la volonté présumée du défunt? et ce parent coupable ou lâche, devrait-il hériter de celui qu'il aurait assassiné, ou dont il aurait laissé lès mânes sans vengeance?

Non certainement; et celui-là ne peut réclamer les droits de la nature, qui en a abjuré tous les sentimens: cependant le défaut de dénonciation du meurtrier peut quelquefois n'être pas l'effet d'une indifférence coupable. Si le meurtrier était un père, un fils, un époux, le silence ne serait-il pas un premier devoir? et comment la loi pourrait-elle, dans ce cas, ordonner de le rompre?

Nous avons donc pensé que le défaut de dénonciation ne pourrait être opposé à ceux qui, unis avec le meurtrier par les liens d'une parenté étroite, ne pourraient le dénoncer, sans blesser les règles de la morale et de l'honnêteté publique.

Nous n'avons pas jugé convenable d'étendre davantage les causes d'indignité : il ne faut pas, sous le prétexte spécieux de remplir la volonté présumée d'un défunt, autoriser des inquisitions qui pourraient être également injustes et odieuses. C'est par ce motif que nous n'avons pas cru devoir admettre quelques causes reçues cependant dans le droit romain; comme, par exemple, celles qui seraient fondées sur des habitudes criminelles entre le défunt et l'héritier, ou sur la disposition qu'on prétendrait avoir été faite par l'héritier, d'un bien du défunt avant son décès, ou sur l'allégation que l'héritier aurait empêché le défunt de faire son testament ou de le changer.

Ces causes ne présentent pas, comme celles que nous avons admises, des points fixes sur lesquels l'indignité serait déclarée : elles portent sur des faits équivoques, susceptibles d'interprétation, dont la preuve est bien difficile; l'admission en serait par conséquent arbitraire.

Sans doute l'ennemi du défunt ne doit pas être son héritier; mais les causes d'indignité doivent être tellement précises, qu'on ne puisse se méprendre dans leur application : autrement, pour venger un défunt, on jetterait dans toute sa famille des semences inépuisables de haine et de discorde.

Après avoir déterminé l'instant où les successions sont ouvertes, et déclaré les qualités néces-

-saires pour être habile à succéder, des difficultés nouvelles, et plus sérieuses peut-être, ont dû nous occuper. Fallait-il distinguer dans une succession les différentes espèces de biens dont elle est composée ? et l'héritier le plus proche est-il si invinciblement saisi que dans aucun cas il ne doive souffrir la concurrence d'un héritier plus éloigné ? aura-t-on égard, dans la transmission des biens, à leur nature et à leur origine ? admettra-t-on la représentation dans quelque cas ? quel sera l'effet du double lien ?

Il existait entre les dispositions du droit romain et celles du droit coutumier une première différence, qui en entraînait beaucoup d'autres.

A Rome, un mourant ne laissait qu'une succession : elle était déférée au degré le plus proche.

Dans nos usages nous connaissions au contraire presque autant de successions que de natures de biens. Un mourant laissait un héritier des meubles et acquêts, un héritier des propres paternels, un héritier des propres maternels. La même personne pouvait quelquefois réunir toutes ces qualités ; mais elles étaient souvent disséminées sur plusieurs têtes, qui pouvaient même n'être unies entr'elles par aucun lien de parenté.

Le desir de conserver les biens dans les familles, desir loyable quand il est contenu dans de justes bornes, avait fait admettre dans nos mœurs la distinction des biens propres, c'est-à-dire, des biens immeubles advenus par succession. Ce vœu de la conservation des biens ne se manifestait pas seulement dans les lois sur les successions, il influait aussi dans les lois qui réglaient la liberté de disposer. Un mourant ne pouvait pas transmettre ses propres, ou ne pouvait en transmettre qu'une faible partie : la loi lui assignait un héritier, qu'il n'était pas en son pouvoir d'écarter. Nous avions aussi des coutumes plus sévères, et qui interdisaient la disposition, même entre-vifs, des biens échus par succession. Telle était enfin la tendance à conserver les propres dans les familles, que la disposition de ces biens à titre onéreux n'était pas entièrement libre. Un parent pouvait exercer le retrait sur un acquéreur; et cette faculté, qui ne se prescrivait que par le laps d'une année, laissait, pendant tout ce tems, sur la personne du propriétaire une incertitude également fâcheuse pour l'intérêt public et l'intérêt particulier.

On conçoit sans peine que cette distinction de plusieurs successions dans une seule, et le concours d'héritiers différens, suivant les diverses origines des biens, devait presque toujours entraîner de nombreuses constestations.

Enfin, comment pouvait-on supposer qu'un ordre de choses d'après lequel des héritiers très-éloignés, et même inconnus au défunt, excluaient de proches parens qu'il avait affectionnés dans le cours de sa vie; comment, disons-nous, pouvait-on supposer que cet ordre se trouvait en accord avec la volonté présumée de l'homme dont la succession était ouverte ?

Nous n'avons pas cru convenable de conserver des distinctions qui ne tirent pas leur source des principes du droit naturel, et dont les effets nous ont paru beaucoup plus nuisibles qu'utiles : nous ne connaissons qu'une seule succession; et toute distinction résultante de la diverse origine des biens est abolie.

Mais en adoptant sur cet article les principes du droit romain, nous n'avons pas dû rejeter ce qu'il pouvait y avoir de bon dans les usages des pays coutumiers; et, sans condamner les citoyens à des recherches longues et ruineuses sur l'origine des biens qui composent une succession, nous avons cependant pourvu à l'intérêt des familles. Toute succession déférée à des ascendans ou à des collatéraux sera partagée en deux portions égales, l'une pour la branche paternelle, l'autre pour la branche maternelle : ce n'est pas seulement une espèce de biens; c'est la totalité de la succession qui sera ainsi divisée. Deux familles s'étaient unies par un mariage, elles resteront encore unies dans le malheur commun qui aura enlevé les fruits de cette union. C'est ainsi que se concilie le vœu de la nature qui semble appeler les parens les plus proches, avec l'intérêt de deux familles dont le défunt tirait son origine.

Une autre distinction était admise dans notre droit : c'est celle de la nature des biens. On connaissait des biens nobles et des biens roturiers. Cette distinction avait introduit dans les succes-

sions autant de règles diverses que de coutumes;
et notre législation ne présentait sur ce point qu'un
amas de ruines, entassées au hasard.

Le vœu de tous les hommes-éclairés appelait
depuis long-tems une réforme : on voulait sur-
tout dans les lois cette unité qui semble être de
leur essence, puisqu'elles sont l'image de l'ordre
éternel.

Mais, pour remplir ce vœu, il fallait un de ces
grands évènemens qui déracinent les empires et
changent la face du monde. Il fallait qu'un grand
peuple conspirât tout entier pour établir le règne
de l'égalité sur la ruine des distinctions et des
privilèges.

Je n'ai pas besoin de vous dire que le Code
ne présente aucun vestige des dispositions écloses
dans l'anarchie féodale. Vous ne voulez pas plus
du privilége des terres, que du privilége des races.
Ce n'est pas, citoyens Législateurs, que les ser-
vices des pères doivent être perdus pour les enfans.
Loin de nous ces maximes funestes et anti-sociales
qui étoufferaient dans l'homme le principe le plus
pur et le plus actif d'une louable émulation ! mais
la gloire des aïeux ne tiendra pas lieu d'énergie,
de talens et de vertus : les enfans qui n'auront
hérité que du nom resteront accablés sous cet
immense fardeau ; et la naissance ne dispensera
pas du mérite. Voilà l'égalité bien entendue; voilà
la véritable égalité.

En vous présentant le tableau de l'ordre dans

lequel les successions sont déférées, j'ai annoncé
que la loi appelait les parens les plus proches :
cette règle, généralement vraie, serait cependant
quelquefois injuste, si elle recevait toujours une
application rigoureuse. De petits-enfans, qui auraient eu le malheur de perdre leur père, seraient-
ils encore exposés au malheur d'être exclus par
un oncle de la succession de leur aïeul ?

Des neveux seraient-ils exclus de la succession
de leur oncle, parce que celui-ci aurait survécu à
leur père ? Ces exclusions s'accorderaient - elles
avec la volonté présumée du défunt ? et la loi qui
les admettrait ne se trouverait-elle pas en contradiction avec les affections naturelles ? N'est-il
pas au contraire plus juste de donner aux enfans,
par une fiction favorable, le droit de représenter
leur père, et de prendre, comme s'il vivait encore,
sa part dans la succession ?

A Rome, la représentation dans la ligne directe
descendante fut toujours admise. Justinien l'étendit
à la ligne collatérale, en faveur des neveux qui,
ayant perdu leur père, se trouvaient exclus par
un oncle de la succession d'un autre oncle.

Nos coutumes présentaient sur cette matière
une diversité affligeante.

Les unes rejetaient le droit de représentation,
même en ligne directe ; d'autres l'admettaient en
ligne directe seulement. A Paris, la représentation
en ligne collatérale était reçue, suivant les dispositions du droit romain : quelques coutumes ad-

mettaient la représentation à l'infini dans les deux lignes : quelques autres ne l'admettaient qu'en faveur de certaines personnes et pour certains biens. Enfin, il y avait encore une classe de coutumes, qu'on appelait muettes, parce qu'elles ne s'expliquaient pas sur cette matière.

Nous nous sommes rapprochés des dispositions du droit romain, que nous avons cependant un peu étendues.

La loi qui exclurait la représentation en ligne directe descendante serait une loi impie et contre nature.

Le besoin de la représentation ne se fait peut-être pas sentir aussi vivement en ligne collatérale; cependant la fiction qui donne aux neveux la place de leur père est pour le moins très-favorable. Là se bornaient les dispositions du droit romain. Nous avons cru que la même faveur était due aux petits neveux, et que la représentation devait être toujours admise dans la succession d'un oncle, en faveur des descendans de ses frères et sœurs : nous avons trouvé les mêmes motifs de convenance et d'affection pour les petits neveux que pour les neveux ; mais la représentation ne peut pas s'étendre plus loin. Si l'on voulait admettre cette fiction dans la succession des cousins, il n'y aurait aucune raison pour s'arrêter ; et nous aurions dans notre code la représentation à l'infini, source intarissable de procès.

J'ai déjà dit que la représentation était une

fiction qui donnait aux enfans la portion qu'aurait eue leur père, s'il était encore vivant, Ils ne peuvent pas prétendre plus que lui, en quelque nombre qu'ils se trouvent ; ils ne doivent donc former qu'une tête dans la succession : autrement, la fiction qui les rappelle serait très-préjudiciable à leurs co-héritiers. Mais comme le trépas de leur père ne doit pas leur nuire, il ne faut pas non plus qu'il leur profite. C'est par cette raison que les partages doivent s'opérer par souche, toutes les fois qu'il y a lieu à représentation.

La règle d'un partage égal entre les deux branches paternelle et maternelle nous a fourni un moyen simple, mais efficace, de couper cours à toutes les contestations que faisait naître le privilège du double lien sur le lien simple, c'est-à-dire, le privilége de ceux qui descendent du même père et de la même mère, sur ceux qui ne descendent que de l'un des deux.

Justinien avait d'abord introduit dans les successions collatérales une préférence en faveur des frères et sœurs conjoints des deux côtés avec le défunt, sur les frères et sœurs qui ne lui tenaient que d'un seul côté. Bientôt il accorda la même préférence aux neveux et nièces qui tenaient au défunt par le double lien.

Nos coutumes présentaient sur ce point la même diversité que sur le droit de représentation. Quelques-unes rejetaient la prérogative du double lien ; d'autres l'admettaient selon la disposition du droit

romain : là , cette prérogative était étendue aux
oncles; ici, elle n'était accordée qu'aux frères et non
aux neveux : ailleurs, elle n'était reçue que pour
une certaine espèce de biens : enfin venait encore
la classe des coutumes muettes ; et les auteurs et
la jurisprudence se trouvaient partagés sur la règle
qu'on devait y suivre.

Toutes ces variations vont heureusement disparaître. Les parens utérins ou consanguins , qui ne
sont liés que d'un côté, ne seront pas exclus par
les parens germains, ceux qui sont liés des deux
côtés ; mais ils ne prendront part que dans leur
ligne : les germains prendront part dans les deux
lignes. Ainsi, le parent du côté du père aura sa
part dans la moitié affectée à la branche paternelle ; le parent du côté de la mère partagera la
moitié échue à la branche maternelle ; le parent
des deux côtés sera admis aux partages des deux
portions.

Vous connaissez actuellement, citoyens Législateurs, les bases fondamentales de la première
partie du projet ; je n'ai pas besoin d'entrer dans
d'autres détails : les articles sur les successions déférées aux descendans, aux ascendans, aux collatéraux, sont le résultat fidèle de ce que vous venez
d'entendre.

Je dois seulement, avant de passer à d'autres
objets , vous dire un mot de quelques dispositions
particulières, qu'il suffira d'exposer pour en prouver
la nécessité et la convenance.

1°. Les ascendans succéderont, à l'exclusion de tous autres, aux choses par eux données à leurs enfans, décédés sans postérité.

2°. Lorsqu'un fils mourra sans postérité, s'il laisse des frères et sœurs, la succession sera divisée, moitié pour les père et mère, moitié pour les frères et sœurs : si le père ou la mère sont morts, ceux-ci auront les trois quarts.

Nous avons encore sur ce point interrogé les affections de la nature. Sans doute, des pères et mères doivent succéder de préférence à des collatéraux : mais lorsque perdant un de leurs enfans, il leur en reste d'autres encore, le partage de la succession entre les pères et les enfans n'est-il pas dans l'ordre de la nature ? Dans le droit romain, les ascendans excluaient les frères utérins ou consanguins : ils concouraient avec les frères germains. Dans la plupart de nos coutumes, les père et mère, aïeul et aïeule succédaient aux meubles et acquêts ; ils ne succédaient pas aux propres : dans quelques provinces, les aïeul et aïeule ne succédaient pas, mais seulement les père et mère. Nous avons substitué à ces dispositions diverses une règle juste, simple et d'une application facile. Les père et mère partageront avec leurs autres enfans la succession du fils décédé : ils auront chacun leur quart ; et les enfans l'autre moitié. Si l'un des père et mère était décédé, les enfans auraient les trois quarts, qu'ils partageraient entre eux par portions égales, s'ils étaient du même lit.

S'ils sont de lits différens, il s'opère une division entre les deux lignes : chaque enfant prend sa part dans la sienne ; et s'il n'y a d'enfans que d'un côté, ils recueillent le tout.

Des dispositions si conformes au vœu de la nature n'ont pas besoin d'être expliquées.

Je passe à un autre article qui n'aura pas plus besoin d'apologie.

Lorsque le défunt laisse un père ou une mère, s'il ne laisse d'ailleurs ni descendans, ni frère, ni sœur, ni neveux, ni aucun ascendant dans l'autre ligne, nous avons conservé dans ce cas au père ou mère survivant l'usufruit du tiers des biens dévolus aux collatéraux, faible consolation sans doute pour le père ou la mère, mais consolation qui pourra leur procurer du soulagement, dans l'âge des infirmités et des besoins. Cette disposition est encore fondée sur la volonté présumée du fils qui, certainement, n'eût pas voulu, pour hâter la jouissance des collatéraux, laisser dans la détresse les auteurs de ses jours.

Enfin, nous avons pensé que les parens au-delà du douzième degré ne devaient pas succéder. Les relations de famille sont effacées dans un si grand éloignement; et une longue expérience nous a prouvé que des successions dévolues à de telles distances étaient toujours en proie à une foule de contestations, qui concentraient pour ainsi dire toute l'hérédité dans la main des gens de justice. Heureux encore, lorsque la cupidité enflammée ne

soutenait pas ses prétentions par de fausses généalogies, si difficiles à reconnaître quand il faut
remonter à plusieurs siècles !

Voilà tout ce que j'avais à dire sur cette première partie.

Je passe à la seconde, celle des successions
qu'on nomme irrégulières, parce qu'elles ne sont
plus déférées dans l'ordre d'une parenté légitime.

Les anciennes lois appelaient, à défaut de
parens, l'époux survivant, et à son défaut le
domaine.

Nous avons admis ces dispositions : mais n'y
a-t-il pas des droits plus légitimes encore, et qui
doivent précéder ceux du conjoint et de la république ? Je veux parler des droits des enfans
naturels qui ont été reconnus.

Déjà vous avez sanctionné par votre suffrage
une loi qui doit, en même tems, préserver les
familles de toute recherche odieuse de la part
d'enfans dont les pères ne sont pas connus, et
laisser aux pères la faculté de constater, par leur
reconnaissance, l'état des enfans.

Si la nature réclame pour ceux-ci une portion
du patrimoine paternel, l'ordre social s'oppose
à ce qu'ils le reçoivent dans les mêmes propor-
tions et au même titre que les enfans légitimes.

Il faut en convenir, on ne s'est jamais tenu dans
une juste mesure envers les enfans naturels. Un
préjugé barbare les flétrissait, même avant leur
naissance; et, pendant que nous punissions ces

infortunés pour la faute de leurs pères, les vrais, les seuls coupables, tranquilles et satisfaits, n'éprouvaient ni trouble dans leur jouissance, ni altération dans leur considération personnelle.

Ce renversement de tous les principes ne devait pas subsister; et si nous ne sommes pas encore parvenus à imprimer au vice toute la flétrissure qu'il mérite, du moins nous avons effacé la tache du front de l'innocent. Nous avons aussi dû mettre un terme à une espèce de réaction, qui tendait à couvrir les enfans naturels d'une faveur qui ne leur est pas due.

Ils ne partageront pas avec les enfans légitimes le titre d'héritier : leurs droits sont réglés avec sagesse, plus étendus quand leur père ne laisse que des collatéraux, plus restreints quand il laisse des enfans légitimes, des frères ou descendans.

Enfin, à défaut de parens, l'enfant reconnu succédera. Remarquez, je vous prie, que cet avantage n'est accordé qu'à l'enfant reconnu : or, la reconnaissance d'enfans adultérins ou incestueux n'étant pas permise, suivant les dispositions de la loi sur la paternité et la filiation, ils ne pourront réclamer la portion des enfans naturels.

Cependant, comme la recherche de la maternité, admise par la même loi, pourrait entraîner la preuve de commerces adultériens ou incestueux, il a bien fallu assurer des alimens aux fruits malheureux de ses désordres révoltans ; mais on n'a pas dû pousser plus loin l'indulgence : il serait inutile de justifier devant vous cet article ; et puisse notre siècle être assez heureux pour n'être jamais témoin de son application !

Après avoir fixé les droits des enfans naturels dans la succession de leur père, on a dû établir aussi quelques règles sur leur propre succession : elles sont en petit nombre. Les pères ou mères qui auront reconnu un enfant naturel lui succéderont, s'il n'a pas laissé de postérité. Si les pères ou mères sont prédécédés, les biens seulement que les enfans naturels en avaient reçus passeront aux frères ou sœurs légitimes : les autres biens seront recueillis par les frères ou sœurs naturels ; et au surplus la loi générale sur les successions sera exécutée.

Au défaut d'enfans naturels reconnus, s'ouvre le droit du conjoint survivant, et ensuite celui de la république.

Je ne ferai qu'une observation sur cette partie. Les successions irrégulières ne peuvent s'ouvrir que dans le cas où il ne se présente pas d'héritiers légitimes ; mais ceux-ci ont le droit de réclamer tant que leur action n'est pas prescrite : il a donc fallu veiller à ce que les biens de la succession fussent conservés pour eux, s'ils paraissaient un jour, et dans un tems utile. On a dû par conséquent faire constater avec exactitude la masse des biens, et obliger les prétendans à faire un inventaire : on a dû pareillement les forcer à un emploi du mobilier, ou à donner une caution qui en réponde.

Mais il peut arriver qu'il ne se présente, pour recueillir une succession, ni parens, ni enfans naturels, ni époux survivant, ni même la république. La succession est alors vacante. Il faut cependant que les personnes qui ont des droits à exercer contre elle trouvent un contradicteur légitime de leurs prétentions : la loi leur en donne un dans la personne d'un curateur à la succession vacante. Le projet explique, dans une section particulière, comment sera nommé ce curateur, les formalités qu'il doit remplir, les obligations dont il est tenu ; il indique la caisse dans laquelle on doit verser les fonds. Tout est prévu pour qu'aucune portion de l'actif ne soit soustraite, qu'aucun droit légitime ne soit éludé, et que le curateur, qui n'est qu'un agent de la succession, ne puisse, par sa négligence ou par ses infidélités, faire tort, soit aux créanciers, soit aux héritiers qui pourraient se présenter.

Me voici parvenu à la dernière partie du projet, à la manière d'accepter ou de répudier une succession, au mode du partage, à ses effets, et à l'acquit des dettes.

La loi serait imparfaite, si elle ne renfermait pas tout ce qui peut avoir trait à une succession : si, après avoir commencé par fixer l'instant où elle est ouverte, elle ne parcourait pas tout l'espace qui se trouve entre cette première époque et le moment où toutes les difficultés sont aplanies, toutes les opérations terminées, par un partage définitif et irrévocable qui, fixant la part de chaque héritier, et dans les biens et dans les charges, fait disparaître entr'eux toute indivision.

Les règles sur cette partie sont renfermées dans les deux derniers chapitres du projet. Ils contiennent un grand nombre d'articles qui présentent le développement de quelques principes, dont l'exposition ne peut être ni longue, ni difficile.

Deux intérêts opposés doivent toujours occuper le législateur en matière de successions, celui des héritiers, celui des créanciers.

L'héritier recueille les biens ; mais la loi ne les lui transmet que sous l'obligation d'acquitter les charges.

Les créanciers peuvent exercer leurs droits contre l'héritier ; mais la loi donne à celui-ci un délai suffisant pour connaître l'état de la succession, et pour réfléchir sur le parti qu'il doit prendre, d'accepter ou de refuser. Il n'est pas dans cette partie du projet une seule disposition qui ne tende à conserver un juste équilibre entre des intérêts également recommandables, pour ne jamais favoriser l'un au préjudice de l'autre.

Les précautions ordonnées ne permettront, ni de se soustraire à la qualité d'héritier, quand on l'aura prise, soit expressément, dans un écrit authentique ou privé, soit tacitement en faisant des actes qui supposent nécessairement l'intention d'accepter, ni de charger de cette qualité celui qui n'aurait pas voulu la prendre, et qui ne l'aurait pas prise en effet, de manière à ne laisser aucun doute sur sa volonté.

Tant qu'un héritier n'a accepté, ni expressément, ni tacitement, il conserve sans contredit la faculté de renoncer; et, comme son acceptation le rend héritier du moment de l'ouverture de la succession, l'effet de sa renonciation doit aussi remonter à la même époque; et il est réputé n'avoir jamais été héritier.

Une renonciation appelle d'autres héritiers; elle intéresse aussi les créanciers de la succession: un acte de cette nature doit être nécessairement public; il sera fait au greffe du tribunal d'arrondissement dans lequel la succession est ouverte.

La clandestinité pourrait couvrir beaucoup de fraudes: il est inutile, sans doute, de dire que celui-là ne pourra pas exercer la faculté de renoncer à une succession, qui en aurait diverti ou recélé quelques effets. Il n'est pas moins superflu d'annoncer ici qu'un héritier appelé à une succession utile ne saurait en frustrer ses créanciers par des renonciations dont il aurait peut-être touché secrètement le prix: la bonne foi doit être la base de tous les actes; et les créanciers ont toujours le droit d'accepter, du chef de leur débiteur, une succession qu'ils peuvent croire avantageuse.

Mais ne doit-il pas y avoir un terme moyen entre l'acceptation pure et simple, qui soumet l'héritier à toutes les charges sans exception, quoiqu'elles

excèdent de beaucoup les bénéfices, et la renonciation qui le dépouille de tout sans retour, encore que par évènement, l'actif se trouve surpassser
de beaucoup les dettes? Laissera-t-on nécessairement l'héritier entre la crainte d'une ruine totale,
par une acceptation hasardée, et la certitude d'un
dépouillement absolu, par une renonciation méti-
culeuse?

Ces inconvéniens n'avaient pas échappé à nos
jurisconsultes; ils avaient dû se faire sentir plus
vivement encore chez les Romains, qui attachaient
une espèce de honte à mourir sans héritiers. Pour
rassurer sur le danger des acceptations, on avait
admis d'abord le droit de délibérer, qui donnait
la possibilité de connaître l'état d'une succession:
on accordait au moins un délai de cent jours à
l'héritier qui le demandait; et, pendant ce tems,
il pouvait prendre connaissance de tous les papiers
et de tous les titres.

Cette précaution pouvait cependant se trouver
encore insuffisante; et il arrivait qu'une succession,
acceptée comme bonne, était mauvaise en effet,
par les charges découvertes dans la suite et qu'on
avait d'abord ignorées.

Justinien crut devoir rassurer entièrement les
héritiers, en leur accordant la liberté d'accepter
sous bénéfice d'inventaire: l'effet de cette acceptation était d'empêcher la confusion des biens
d'une succession, avec les biens personnels de l'héritier; d'où il résultait, 1°. que celui-ci n'était

tenu des dettes que jusqu'à due concurrence du bénéfice ; 2º. qu'il conservait l'exercicedes actions personnelles qu'il pouvait avoir contre le défunt.

Une institution aussi sage a été admise dans les pays coutumiers. A la vérité, comme le droit romain n'y avait pas force de loi, celui qui voulait jouir du bénéfice d'inventaire était obligé d'obtenir des lettres du prince ; mais elles s'expédiaient sans difficulté à la grande chancellerie : c'était donc une affaire de pure forme ; il n'en est plus question depuis plusieurs années.

Nous n'avons pas dû repousser dans notre projet une faculté utile à l'héritier, et nullement préjudiciable aux créanciers.

L'héritier aura trois mois pour faire inventaire, et ensuite, pour délibérer, un délai de quarante jours, qui même pourra être prorogé par le juge, si des circonstances particulières lui en démontrent la nécessité. Pendant ce tems, l'héritier ne peut être contraint à prendre qualité, et il ne peut être exercé de poursuites contre lui.

D'un autre côté, il a été entièrement pourvu à l'intérêt des créanciers,

1º. Par l'obligation imposée à l'héritier de déclarer au greffe qu'il entend jouir du bénéfice d'inventaire ;

2º. Par la nécessité de faire un inventaire fidèle, qui constate le véritable état de la succession ;

3º. Par les précautions prises, pour empêcher le dépérissement ou la soustraction du mobilier ;

4º.

4°. Par la déchéance prononcée contre l'héritier qui n'aurait pas compris tous les effets dans l'inventaire.

5°. Par les formes prescrites pour la vente des meubles et des immeubles ;

6°. Par le compte rigoureux que l'héritier doit rendre de son administration.

C'est ainsi que les intérêts opposés de l'héritier et des créanciers ont été scrupuleusement respectés dans le projet; et il ne parait pas que cette partie soit plus que les autres susceptible d'objections fondées.

Il ne me reste plus qu'à vous parler du partage des successions: c'est l'objet du dernier chapitre ; il présente cinq sections : *du partage et de sa forme, des rapports, du paiement des dettes, des effets du partage et de la garantie des lots, de la rescision en matière de partages.*

C'est encore ici l'intérêt des héritiers et l'intérêt des créanciers qu'il s'agit de protéger et de maintenir : toutes les dispositions de ce chapitre, comme celles du chapitre précédent, ne sont que la conséquence de quelques principes dont la vérité ne peut-être méconnue.

C'est d'abord un droit constant que personne ne peut-être contraint de rester avec d'autres dans un état d'indivision. On peut donc toujours demander un partage s'il est possible, ou la licitation si le partage ne peut pas s'opérer. Cependant il peut exister quelques causes légitimes de différer; et il

Code des Success. An XI.   **K**

n'est pas défendu de suspendre l'exercice de cette action pendant un tems limité ; une pareille convention doit être exécutée.

Lorsque le partage s'opère entre héritiers tous majeurs et présens, ils sont libres d'y procéder dans la forme qu'ils trouvent la plus convenable ; et s'il s'élève des difficultés, c'est au tribunal du lieu où la succession est ouverte, qu'elles doivent être portées.

Mais dans le nombre des co-héritiers, il peut se trouver des mineurs, des interdits, des absens ; et il a fallu tracer des règles pour maintenir dans leur intégrité des intérêts qui furent toujours placés sous une surveillance spéciale de la loi.

Le législateur doit éviter deux dangers avec le même soin : celui de ne pas pourvoir suffisamment à l'intérêt du plus faible, et celui de blesser les intérêts des majeurs, en les tenant dans une longue incertitude sur la solidité des actes : le projet a prévenu ces deux inconvéniens.

L'apposition des scellés, la nécessité d'un inventaire, les estimations par experts, la formation des masses devant un officier commis à cet effet, les ventes par autorité et sous les yeux de la justice, le tirage des lots au sort, tout garantit, autant que possible, la conservation rigoureuse de tous les droits, et dans les opérations préliminaires du partage et dans le partage lui-même : l'on a par conséquent dû établir pour règle, que les actes faits avec toutes ces formalités par les tuteurs, sous l'autorisation d'un conseil de famille ou par les mineurs émancipés, assistés de leurs curateurs, seront définitifs. Ils ne pourront être attaqués que pour des causes communes à toutes les parties, telles que le dol, la violence, ou la lésion de plus d'un quart.

Pour faire un partage, il faut de toute nécessité former avant tout la masse des biens à partager : cette masse se compose et des biens existans actuellement dans la succession, et de ceux que les héritiers peuvent avoir reçu du défunt pendant sa vie.

Dans le droit romain, les enfans venant à la succession de leur père n'étaient pas tenus de rapporter les donations qu'ils en avaient reçues, si elles leur-avaient été faites en préciput et avec dispense de rapport.

Nos coutumes inclinaient plus fortement à maintenir l'égalité entre les héritiers : quelques-unes ne permettaient même pas de conserver, en renonçant, les avantages qu'on avait reçus ; mais dans les autres on avait senti qu'il eût été injuste d'interdire la faculté de marquer une affection particulière à l'un de ses héritiers présomptifs. Celui-ci pouvait retenir l'objet donné, en renonçant à la succession du donateur. Et comme on distinguait dans la même succession autant de successions différentes qu'il y avait de natures de biens, ou de coutumes diverses dans lesquelles ces biens étaient situés, la même personne prenait la qualité

de donataire ou de légataire dans certains biens
ou dans certaines coutumes, et la qualité d'héritier
dans les autres.

Ces distinctions subtiles font place à des règles
plus simples et plus conformes aux notions communes de la justice. Une loi particulière, renfer-
mera dans des bornes convenables l'exercice de la
faculté de disposer en faveur d'un héritier présomptif : les donateurs, ou les testateurs, seront
libres de déclarer que leurs libéralités sont faites
par préciput, et leur volonté recevra son exécution jusqu'à concurrence de ce dont ils auront pu
disposer. S'ils n'ont pas affranchi l'héritier de
l'obligation du rapport, il ne pourra pas s'y soustraire ; ainsi la volonté du défunt sera toujours la
règle qu'on devra suivre, tant qu'elle ne se trouvera pas contraire à la disposition de la loi.

De nombreuses difficultés s'élevaient autrefois
sur les questions, si un fils devait rapporter ce
qui avait été donné à son père, un père ce qui
avait été donné à son fils, un époux ce qui avait
été donné à l'autre époux ; mais la source de toutes
ces contestations est heureusement tarie. Les donations qui n'auront pas été faites à la personne
même de l'héritier, seront toujours réputées faites
par préciput, à moins que le donateur n'ait exprimé une volonté contraire.

Toutes les difficultés sur cette matière se rappor-
teront toujours nécessairement à ces questions :
par qui est dû le rapport ? à qui est-il dû ? comment
doit-il être fait ?

Elles sont résolues dans le projet de manière à ne laisser aucun doute.

Le rapport est dû par les héritiers ; il est dû aux co-héritiers et non pas aux créanciers ou aux légataires ; il est dû de tout avantage : mais on ne peut ranger dans la classe des avantages, ni les frais de nourriture, entretien, éducation, apprentissage, ni les frais ordinaires d'équipement ou de noces, ni les présens d'usage : toutes ces dépenses étaient, de la part du père une dette et non pas une libéralité. En donnant le jour à ses enfans, il avait contracté l'obligation de les entretenir, de les élever et de les équiper.

Enfin le rapport doit être fait en nature, s'il est possible, ou en moins prenant.

Chaque héritier doit avoir sa juste part dans la masse à diviser ; la justice peut être violée, ou en donnant moins, ou en donnant des effets de moindre qualité et valeur.

Si, dans la succession, on trouve la possibilité de prélèvemens égaux aux objets donnés, le donateur sera dispensé de faire le rapport en nature. Dans le cas contraire, ce rapport sera exigé.

Vous sentez, citoyens Législateurs, combien toutes ces règles, minutieuses peut - être au premier coup-d'œil, sont cependant essentielles et nécessaires. Vous voyez aussi qu'elles sont fondées sur des principes de raison et de justice. Je ne m'étendrai pas davantage sur cet objet ; je m'en rapporte à l'impression que la simple lecture fera certainement sur vos esprits.

Le paiement des dettes est la première et la plus importante obligation des héritiers : les créanciers, dont l'intérêt ne peut être révoqué en doute, peuvent s'opposer , pour la conservation de leurs droits, à ce que le partage soit fait hors de leur présence; mais ils ne peuvent pas attaquer un partage fait *sans fraude*, en leur absence, à moins qu'il n'y eût été procédé au préjudice d'une opposition qu'ils auraient formée; ils sont bien maîtres d'intervenir , mais on n'est pas obligé de les appeler.

Le projet règle la proportion dans laquelle les co-héritiers et les légataires universels contribuent entr'eux au paiement des dettes : il conserve au surplus les droits des créanciers sur tous les biens de la succession ; et les règles proposées n'ayant d'ailleurs rien que de conforme à ce qui s'est pratiqué jusqu'à ce jour, je puis, je dois me dispenser d'entrer dans une plus longue explication.

Je crois, citoyens Législateurs, vous avoir fait connaître l'esprit qui a dirigé la préparation de la loi : la première intention du gouvernement a dû être de régler l'ordre des successions suivant le vœu de la nature : sa sollicitude a dû s'occuper ensuite des héritiers et des créanciers, véritables parties dans toute succession, pour n'offenser les intérêts ni des uns ni des autres.

Nous avons tracé des règles claires et précises ,

et nous avons cherché à les disposer dans un ordre qui en facilitât l'étude et l'intelligence.

Trop long-tems la volonté publique fut en quelque manière étouffée sous une masse de dispositions éparses, souvent incohérentes et même contradictoires : chacun pourra désormais, avec un peu d'application, acquérir du moins la connaissance générale des lois qui doivent régir sa personne et ses propriétés. Il n'en faut pas davantage dans le cours ordinaire de la vie.

Mais on tomberait dans une étrange et funeste erreur, si l'on pouvait supposer qu'une connaissance des lois, suffisante pour le commun des hommes, doit suffire également au magistrat chargé de les appliquer, ou au jurisconsulte qui exerce aussi une espèce de magistrature, bien flatteuse sans doute, puisqu'elle repose sur une confiance toute volontaire.

Ce n'est que par de longues veilles et par une profonde méditation sur les principes d'ordre naturel et de justice éternelle, auxquels doivent se rattacher toutes les bonnes lois, que l'on peut apprendre à en faire une juste et prompte application dans cette variété infinie d'espèces que font éclore tous les jours mille circonstances imprévues, ou la malice inépuisable des plaideurs.

Malgré quelques dispositions bisarres qui ont échappé à d'utiles et successives réformes, il sera encore nécessaire d'étudier, dans nos coutumes, l'histoire de la législation française, et d'y chercher les premières traces des règles que nous avons dû en extraire, comme plus adaptées au génie français et à nos mœurs actuelles.

Mais c'est sur-tout dans les lois du peuple conquérant et législateur qu'on puisera, pour me servir des expressions d'un auteur moderne, ces principes lumineux et féconds, ces grandes maximes qui renferment presque toutes les décisions, ou qui les préparent : c'est là qu'il faut chercher, pour se les rendre familières et propres, ces notions sûres et frappantes, qu'on peut regarder comme autant d'oracles de la justice.

Les compilations du droit romain ne sont pas, j'en conviens, exemptes de quelques défauts, ni d'un désordre qui doit en rendre l'étude pénible; mais quel courage ne serait pas soutenu par la perspective de cette riche et abondante moisson qui s'offre au bout de la carrière ? Les lois romaines, tirant d'elles-mêmes toute leur force, sans autre autorité que celle de leur sagesse, ont su commander à tous les peuples l'obéissance et le respect : un consentement unanime les a honorées du titre de raison écrite, et elles devront toujours être l'objet principal des méditations d'un bon magistrat et d'un véritable jurisconsulte.

De tous les priviléges dont l'homme s'énorgueillit, je n'en connais qu'un de réel : c'est celui de pouvoir s'instruire et raisonner : sans doute l'exercice de cette faculté est utile dans tous les états; mais il est un besoin absolu pour ceux qui prétendent à l'honneur d'éclairer ou de juger leurs concitoyens.

Pardonnez, citoyens Législateurs, des réflexions qui ne tiennent peut-être pas directement à l'objet que j'ai dû me proposer ; j'espère cependant que vous ne les jugerez pas déplacées dans un siècle où l'on semble épuiser toutes les ressources de l'esprit, pour se dispenser d'acquérir de la science.

Je n'ajouterai qu'un mot : le projet que nous vous présentons, long - tems médité au Conseil d'État, a encore acquis un degré de perfection par les observations des commissaires du Tribunat.

DISCOURS

Prononcé au Corps législatif, par le C. Siméon, l'un des orateurs du Tribunat, sur le projet de loi relatif aux Successions.

Séance du 29 germinal an 11.

Citoyens Législateurs,

Quand l'instinct et la nature de l'homme ne le porteraient pas essentiellement à la société, sa raison l'y aurait amené. Sa sûreté individuelle et sa propriété, les deux choses qui le touchent le plus, prennent en effet, dans l'état social, une force immense.

Sans la société il serait réduit à ses seules forces, ou fortuitement à celles de quelques individus qu'un intérêt passager lui réunirait. Aucune prévoyance en commun de l'avenir; point de cette vigilance publique qui s'occupe des individus sans qu'ils y songent; point de propriété, que de la chose dont on serait réellement et physiquement saisi.

La société seule peut garantir à l'homme le champ qu'il a cultivé et qu'il ne saurait garder : la propriété ne serait qu'un rêve et une prétention chimérique, si la société ne la consolidait et ne la soutenait.

C'est donc pour être libre de sa personne et maître de sa chose que l'homme s'est mis en société, si toutefois il n'y naquit pas originairement, et si elle n'est pas un bienfait que le ciel lui accorda avec l'existence.

La sûreté et la propriété, bases de la société, doivent l'être aussi du code civil.

La sûreté individuelle ne se borne pas dans l'état de société à la faculté d'aller, de venir, de disposer de soi ; elle se compose de tout ce qui tient à l'état de la personne, à ses droits de famille, à sa manière d'exister socialement ; c'est pour cela que l'état des personnes a dû être le premier objet du code. Le second, celui qui va vous occuper maintenant, citoyens législateurs, est la propriété.

La propriété s'acquiert et se transmet.

Avant de régler comment elle se transmettra, il faut déterminer comment elle s'acquiert.

Si l'*occupation* fut le mode d'acquérir le plus naturel, et par conséquent le premier, il ne saurait être considéré dans l'état social. En effet, l'occupation n'est qu'un fait, qui cesse avec la détention de la chose.

Un autre peut occuper ce que j'occupais tout à l'heure, et que j'ai abandonné. Il faut, pour empêcher ces occupations successives, qui seraient une source de dissentions et de querelles quelquefois sanglantes, que l'occupation reçoive un caractère légal, et que le fait qui la constitue soit converti en droit.

L'occupation sans autre titre, d'un immeuble, ne sera donc pas un moyen de l'acquérir.

La propriété immobilière s'acquiert et se transmet, par succession, par donation, par contrats ou par suite des contrats (*art.* 1.)

Elle s'acquiert aussi par l'accession qui vient s'ajouter ou s'incorporer à ce que nous possédons déjà, ou par la prescription qui consacre la possession (*art.* 2.)

La possession est une détention de fait et de droit, qui dispense de la détention continuelle, et lui substitue la détention de volonté (1).

La détention de fait appartient à l'ordre naturel ; l'ordre social ne peut la reconnaître qu'en la légalisant.

Il n'y a donc de moyen d'acquérir ce qui a déjà un maître, que par son consentement, par son obligation, ou par prescription.

Ce qui n'a point de maître est réservé à l'usage commun de tous, d'après des lois de police qui en règlent l'usage (*art.* 4.)

---

(1) *Licet possessio nudo animo acquiri non possit, tamen solo animo retineri potest.* L. IV. *Cod. De acquir. et retin. posse.*

Quant aux choses mobilières, quoique par leur nature elles soient, même dans l'ordre social, susceptibles de l'occupation et de la détention continuelle, la société a dû régler aussi la manière dont on les acquerrait. C'est pour cela que l'occupation simplement et proprement dite, n'est pas mentionnée, même à leur égard.

L'état social ne permet pas que la chasse, la pêche, les trésors, les effets que la mer rejette, les choses perdues, soient, comme dans l'état de nature, au premier occupant.

L'usage des facultés naturelles, les faveurs du hasard et l'avantage de la primauté ne doivent pas être en contradiction avec une propriété préexistante et mieux fondée en droit.

Ces notions préliminaires, qui auront leur développement dans des règles particulières, ont dû être placées à la tête du livre qui traite *des différentes manières d'acquérir la propriété* (art. 5, 6 et 7); ces lois seront hors du code, parce qu'elles ne sont pas d'un intérêt aussi important et aussi général que les successions, les donations entre-vifs ou testamentaires, et les obligations.

On pourrait s'étonner que de ces trois grands moyens d'acquérir ou de transmettre la propriété, les successions soient le premier dont on s'occupe. Il semble qu'il faudrait d'abord régler ce qui se fait pendant la vie, avant de songer à ce qui arrive quand elle est terminée.

Néanmoins il y a plusieurs raisons de cette préférence.

1°. Les successions sont réglées et déférées par la loi. Il faut statuer sur ce qu'elle veut, avant d'en venir à ce qu'elle permet.

2°. La succession est une espèce de continuation du domaine du défunt en faveur de ses proches. Elle opère une moindre mutation de propriété que les donations entre-vifs, testamentaires, ou que les obligations.

Enfin, on a pour ce que l'on veut faire pendant sa vie, les règles de sa raison et les droits de sa volonté; mais il faut que la loi dispose sur ce qu'on n'a pas fait. Tous les jours on meurt, tous les jours on succède; les successions étaient l'objet le plus urgent à régler, celui qui rendait le code plus desirable et plus nécessaire.

Quelqu'important que soit l'état des personnes, quelque prééminence qui lui appartienne sur les biens, on n'a eu qu'à rassembler et améliorer des lois déjà bonnes. L'état des personnes n'avait pas été subverti autant que les successions, bouleversées d'abord par l'effet rétroactif, morcelées ensuite par des divisions et des subdivisions infinies, qui, pour donner quelque chose à chacun, auraient fini par ne laisser rien à personne.

La matière des successions est immense. Rassembler en quelques pages les principes qui doivent y présider, choisir les meilleurs modes de succéder, ceux qui sont les plus conformes à l'équité et les plus simples, qui préviennent le plus les contestations, ou qui en rendent la décision facile;

faire connaître clairement, aux citoyens, des règles qui les intéressent tous individuellement, puisque tous sont appelés à recueillir et à transmettre des successions : tel est le but qu'on devait se proposer. J'espère, citoyens législateurs, que vous jugerez, comme le Tribunat dont j'ai l'honneur de vous apporter le vœu, qu'il a été heureusement atteint.

L'ouverture des successions, les qualités requises pour y parvenir, les divers ordres des successions; les modes de les accepter ou de les répudier, ceux de les partager; ce sont les principaux objets sur lesquels le titre des successions devait statuer.

Aussi-tôt que nous mourons, tous les liens qui tenaient nos propriétés dans notre dépendance se rompent; la loi seule peut les renouer. Sans elle, les biens destitués de leurs maîtres seraient au premier occupant. Chaque décès ramènerait l'incertitude et les désordres que l'état social a fait cesser. La *succession* est donc une institution civile, par laquelle la loi transmet à un propriétaire nouveau et désigné d'avance, la chose que vient de perdre son propriétaire précédent. La mort seule ouvre la succession (*art.* 8) : il ne saurait y avoir de succession d'un homme vivant.

On ne regarde point tel ce coupable qui, grace à l'humanité des lois, a conservé sa tête, mais marquée du sceau de l'infamie. Il respire : il n'est point séparé de la nature; mais il l'est de la société qu'il a grièvement offensée : elle lui a retiré les prérogatives qu'elle donne ; elle protégera encore la vie qu'elle lui a laissée, mais comme celle d'un esclave qui ne peut rien posséder, qui n'a ni existence, ni droits civils. La mort civile, comme la mort naturelle, ouvre donc la succession (*art.* 8.)

La mort naturelle est un fait physique et irrévocable qui frappe les yeux. La mort civile est une privation morale qui a besoin de jugement et d'exécution. Prononcée contre un contumax qui n'a point été entendu, qui peut-être serait absous s'il se présentait et se faisait entendre, elle n'est définitivement encourue qu'après un délai que les lois ont déterminé. Ce n'est qu'à l'expiration de ce délai qu'elle donnera ouverture à la succession du condamné : car les lois aiment à le réputer encore capable des effets civils, tant qu'il est dans les délais qu'elles lui accordent pour se représenter et se justifier (*art.* 9.)

Quoique la mort naturelle soit un des faits les plus évidens et les plus faciles à constater, elle arrive quelquefois au loin sans qu'on en trouve de témoin. D'autres fois elle s'étend au même instant, dans un grand désastre, sur plusieurs personnes, sans que l'on sache qu'elles sont celles qui ont succombé les premières. Ce mystère est indifférent à éclaircir, si elles n'ont entr'elles aucun rapport de successibilité. Mais si un père et un fils, si une sœur et un frère ont péri dans le même naufrage ou le même incendie, il importe de déterminer quel est celui qui est décédé avant

l'autre ; car celui qui a survécu , ne fût-ce que
d'un instant, a succédé : il a transmis à ses héritiers et sa propre succession , et celle qui passa un
moment sur sa tête ; selon que l'on présumera la
survie de l'un ou de l'autre, les héritiers seront différens. Il a fallu statuer sur ce cas , que les voyages
d'outre-mer et mille autres accidens rendent commun. On a cherché à mettre , autant qu'on l'a pu,
les présomptions constantes de la loi à la place
des suppositions et des argumens intéressés des
parties. On ne pouvait cependant pas exclure les
circonstances du fait ; elles auront le premier rang
dans cette discussion (*art.* 10) : car les faits sont
au-dessus des présomptions, qui ne peuvent en être
que le supplément.

Ainsi, quoiqu'il soit présumable que dans **une**
ruine commune le plus fort aura péri le dernier ,
cette présomption serait écartée, s'il était prouvé
que le danger capital a d'abord et premièrement
investi le plus fort avant de s'étendre au plus faible:
les conjectures tirées de la force de l'âge ou du
texe, seront toujours subordonnées aux circonstances du fait (*ibid.*)

Mais si l'on n'en connaît aucunes, ou si elles
ne sont pas suffisantes, on les combinera avec les
présomptions de la loi. Elle les établit avec une
grande sagacité.

Toutes choses égales, entre des enfans ; le plus
âgé est présumé avoir survécu.

Entre des sexagénaires, la présomption est

toute contraire : elle est en faveur du plus jeune.

Entre un enfant et un vieillard, la présomption est encore pour la jeunesse (*art.* 11.)

A égalité d'âge, elle est pour le sexe le plus fort (*art.* 12.)

La mort, soit naturelle, soit civile, à l'instant où elle frappe définitivement, ouvre donc la succession. Elle l'ouvre au profit des héritiers légitimes ; elles les saisit, de plein droit, du patrimoine du défunt, sans qu'il soit besoin d'aucune demande de leur part (*art.* 14) : utile et belle conception, au moyen de laquelle la propriété ne reste jamais en suspens, et reçoit, malgré les vicissitudes et l'instabilité de la vie, un caractère d'immutabilité et de perpétuité. L'homme passe, ses biens et ses droits demeurent. Il n'est plus : d'autres lui-même continuent sa possession, et ferment subitement le vide qu'il allait laisser.

A défaut d'héritiers *légitimes* (on appelle ainsi ceux que les lois désignent pour recueillir de plein droit les successions), le code les accorde à un autre ordre de personnes : d'abord aux enfans naturels, s'il y en a, sinon à l'époux survivant, enfin à la République (*art.* 13.) Mais attendu qu'ils ne sont pas des héritiers légitimes proprement dits, ils ne sauraient en être saisis de plein droit comme le sont les héritiers légitimes et réguliers ; ils doivent recourir à la justice, et se faire envoyer en possession (*art.* 14.)

Maintenant que la mort ou naturelle ou civile

a ouvert la succession , et qu'elle en a saisi , de plein droit, les héritiers légitimes , il faut re-connaître ces héritiers , et savoir quelles sont les qualités dont ils ont besoin pour recueillir (*ch.* 2.)

La première , c'est d'exister au tems où la succession s'ouvre ; car s'il n'y a pas de succession d'un homme vivant : il n'est pas possible non plus qu'il y ait transmission du défunt à un autre dé-funt, ou à un être qui n'existe pas encore ; pour être saisi, il faut être vivant.

On présume tel, l'enfant qui croît au sein de sa mère : il est en effet ou le fils ou le parent du défunt ; et s'il naît viable , il serait contraire à l'équité et à la raison que son existence certaine , quoiqu'elle ne fût pas entièrement développée , ne fît obstacle à des parens plus éloignés.

Comme un fait physique s'oppose à ce qu'un héritier, qui n'a pas existé ou qui a cessé de vivre , soit saisi , un fait légal empêche que le condamné à mort civile ne le soit aussi. Il faut avoir, pour succéder , la double capacité naturelle et civile (*art.* 15.)

La capacité civile appartient à tout Français jouissant de ses droits civils , et même aux étran-gers , dans les mêmes cas, et de la même manière qu'ils nous l'accordent chez eux (*art.* 16.)

En vain on aurait la capacité de succéder si l'on s'en était rendu indigne. Les Romains avaient multiplié les incapacités : nous les réduisons à trois.

La condamnation pour attentat à la vie du défunt : on n'hérite pas de ceux qu'on assassine.

Une accusation capitale et calomnieuse portée contre lui.

L'indifférence pour son assassinat, qu'on n'a ni poursuivi, ni dénoncé, à moins que le devoir de venger sa mort, n'ait été étouffé par un devoir contraire, celui de ne pas se rendre dénonciateur d'un parent *(art. 17 et 18.)*

L'héritier exclu par indignité est à l'instar d'un possesseur de mauvaise foi. S'il avait joui de la succession, non-seulement on la lui ôterait, mais on lui en arracherait les fruits *(art. 19.)*

Les fautes sont personnelles. L'indignité du père ne nuira donc pas à ses enfans, s'ils peuvent venir de leur chef à la succession, et sans y repré-senter son odieuse tête; mais aussi la justice qui leur est accordée ne lui profitera pas : il ne pourra prétendre, en vertu de sa puissance paternelle, aucun usufruit sur les biens de cette succession, de laquelle il a mérité d'être immédiatement re-poussé *(art. 20.)*

Après avoir réglé les qualités des héritiers, il faut déterminer l'ordre dans lequel ils sont appelés *(chap. 3.)*

Les bonnes lois ne sont guère que des déduc-tions de la raison naturelle, appuyées sur l'équité, et dirigées par l'expérience des besoins de la société et des particuliers. Ce ne sont donc pas des inno-vations qu'il faut principalement attendre dans

un code; on aimera au contraire à y retrouver
ce qu'on savait, ce qu'on pratiquait, ce que l'usage
avait trouvé bon, ou ce que l'habitude avait rendu
commode et familier; on n'y desirera que la réforme des vices de législation bien constans, et
les améliorations que réclament évidemment le
progrès des lumières, et les changemens survenus
dans les mœurs, et dans la position des fortunes.

La raison indique, pour les premiers héritiers
d'un défunt, ses enfans; à leur défaut, ses ascendans et ses collatéraux. Cette notion sera donc la
première base de l'ordre des successions légitimes
(*art.* 21.)

Mais distinguera-t-on dans les successions la
nature et l'origine des biens? Chaque successeur
viendra-t-il prendre les biens auxquels il pourrait prétendre avec plus de droit, sous le prétexte
qu'ils étaient provenus de sa ligne? Les biens paternels iront-ils aux héritiers paternels? Adjugera-
t-on aux héritiers maternels les biens maternels ?
Distinguera-t-on des acquêts, des propres, et des
biens en tenant lieu ?

Ce fut l'usage d'une partie de la France jusqu'à
la loi du 17 nivose an II : c'était la règle commune des pays coutumiers. Moins heureux en cela
que les pays de droit écrit, la distinction de la
nature et de l'origine des biens, les fatiguait de
procès, et de contestations souvent épineuses et
subtiles. La liquidation et le partage des successions, même quand ils n'étaient pas contentieux ,

devenaient difficiles, exigeaient presque toujours
l'intervention des hommes de loi. On simplifia la
jurisprudence en abrogeant cette distinction; et ce
fut un des bienfaits de la loi du 17 nivose, loi sage
et louable à beaucoup d'égards, qu'on aurait beaucoup plus appréciée, si l'injustice de son effet
rétroactif n'eût soulevé contre elle de trop justes
ressentimens.

En enlevant aux parens paternels et maternels,
à chacun les biens de leur ligne, on crut leur devoir une indemnité : le principe de la distinction
des biens était équitable ; c'étaient les difficultés de
son application qui avaient dû la faire abroger. On
y substitua un partage égal entre deux lignes,
sans égard à la nature et à l'origine des biens.

C'était une innovation dans les pays de droit
écrit, où l'on ne faisait jamais qu'une masse des
biens recueillis en entier par les héritiers les plus
proches. Mais cette innovation avait pour elle
l'équité du principe de la distinction des biens paternels et maternels; elle avait l'avantage de prendre un milieu entre les usages trop subtils des pays
coutumiers, et la trop grande simplicité des lois
romaines à cet égard. On a dû laisser subsister
ce mode, qui, en ôtant à chacun des deux usages
différens ce qu'ils avaient d'excessif, les rapproche
et les concilie. (*art.* 22 *et* 23.)

Par les mêmes motifs, le privilége du double
lien reste aboli, comme il l'avait été par la loi
du 17 nivôse. La division de la succession entre

les deux lignes donne à chacun une portion égale. Les parens germains figureront dans les deux lignes où ils sont placés; mais ils n'excluront pas des parens qui, pour n'avoir pas de droits dans l'une des lignes, n'en n'ont pas moins d'incontestables dans l'autre.

Une fois la division opérée entre les lignes paternelle et maternelle, il n'y aura plus de subdivision entre les diverses branches sorties de ces lignes *(art.* 24. *)* On tarit ici une source féconde et funeste de prétentions et d'inconvéniens. Dans quelques coutumes, on avait poussé le scrupule, pour les droits de chaque ligne, jusqu'à chercher toujours dans chaque subdivision des parens paternels et maternels. On remontait jusqu'à ce qu'on en trouvât : c'est ce qu'on appelait la *refente.*

Cette minutieuse subtilité avait passé dans la loi du 17 nivôse, et paraissait y avoir été adoptée. Cependant plusieurs jurisconsultes, profitant de la rédaction quelquefois peu claire de cette loi, et desirant prévenir les inconvéniens d'une division presque infinie, avaient trouvé dans le texte même, des argumens contraires. La sagesse du tribunal de cassation a sanctionné leurs efforts, et préparé dans le code, la place de cette décision qui vient de proscrire à jamais un système monstrueux; il pouvait appeler un millier d'individus en partage d'une succession, et la dévorer cent fois en recherches de titres, en tableaux de généalogie, en frais, en contestations de tout genre.

Pour reconnaître les héritiers, et leur distribuer leurs droits, il faut fixer quels étaient leurs rapports avec le défunt. Le code définit, de la manière la plus claire, ce que c'est que le *degré* et la *ligne*.

Chaque génération s'appèle un degré (*art.* 25.)

La suite des degrés forme la ligne *(art* 26.*)* Le nombre des degrés établit la proximité ou la parenté.

On avait autrefois deux manières de compter les degrés. Le droit civil en donnait une, le droit canonique en fournisssait une autre.

Le droit canonique, bon pour régler la discipline intérieure du rit de l'église romaine, n'a point d'autorité extéreure. Notre droit civil doit nous suffire. Sa computation est d'ailleurs la meilleure et la plus ancienne. Elle sera uniformément et uniquement suivie (*art.* 27 *et* 28.)

L'équité et la loi appèlent aux successions les parens les plus proches, à l'exclusion des plus éloignés. Il a fallu, dès long-tems, statuer sur un cas qui, dans certaines circonstances, aurait rendu injuste l'application de ce principe.

Un père avait plusieurs enfans, il en a marié un qui l'a prédécédé, laissant lui-même des enfans. L'héritage paternel se divisera-t-il entre les enfans du père, sans que les petits-enfans, sous prétexte qu'ils ne sont qu'au second degré, n'y prennent aucune part? Au malheur d'avoir perdu leur père, joindront-ils celui d'être privés de la portion qu'il aurait eue dans les biens de leur aïeul? Si leur

père

père eût vécu, ses frères, leurs oncles, auraient
partagé avec lui ; pourquoi ne partageraient-ils
pas avec eux ? A défaut de leur père, leur aïeul
ne leur devait-il rien ?

Le droit avait introduit pour ce cas *la représentation*, et le code a dû la conserver. C'est une
fiction dont l'effet est de considérer le représentant
comme le représenté, de le faire entrer dans la
place, le degré et les droits de celui qu'il représente : fiction heureuse, qui répare les torts d'un
sort cruel, protége des orphelins, et réalise les
espérances dans lesquelles ils avaient été conçus
(art. 29. *)*

La représentation n'a point de terme dans la
ligne directe descendante. Qu'importe en effet que
l'on soit petit-fils, arrière-petit-fils? on n'appartient pas moins au malheureux vieillard dont les
yeux affaiblis ont vu une branche de sa descen-
dance se dessécher successivement dans ses pro-
longemens, et n'offrir qu'à une extrémité éloignée, et d'autant plus précieuse à son cœur affligé,
un reste de reproduction et de vie *(art.* 30. *)*

La susccessibilité des descendans est autant naturelle que légitime ; mais celle des ascendans est
contre la marche ordinaire des évènemens. On
croit voir remonter un fleuve vers sa source ;
l'ordre de la nature est troublé : il n'y aura donc
point de représentation pour ce cas extraordinaire.
L'ascendant plus proche dans chaque ligne, exclura le plus éloigné *(art.* 31. *)*

Code des Successions. An XI. L

La représentation se borne en ligne collatérale aux enfans des frères et sœurs, et à leurs descendans : nouveau bienfait du code, exclusion de la représentation dans les degrés ultérieurs, parce qu'en effet on n'aurait su où s'arrêter; parce que les droits des collatéraux au troisième dégré ne sont plus assez forts pour qu'on leur applique la fiction introduite d'abord en faveur des petits-fils, et étendue ensuite aux neveux et à leurs descendans (*art.* 32.)

On ne représentera pas une personne vivante, (*art.* 34.) car on ne peut pas occuper une place qu'il remplit. Il aurait beau ne vouloir pas user des droits qu'elle lui donne. Dans ce cas, il y renonce ; il les abjure : sa renonciation nuit à ceux qui le représenteraient.

Mais, pour représenter quelqu'un, on n'a pas besoin d'être son héritier; on peut même avoir refusé de l'être. La raison en est qu'on ne représente pas un défunt, dans une succession où il serait appelé s'il était vivant, parce qu'on est son héritier ; car, comme tel, on n'aurait aucun droit sur une succession ouverte après son décès. On le représente, parce qu'on prend sa place dans la famille; on remplit le degré qu'il eût occupé. Ce droit est un droit de parenté que l'on tient du sang; ce n'est pas un droit qui dépend de l'héritage du représenté.

Après avoir établi les principes généraux de l'ordre des successions, le code décide comment elles sont déférées, d'abord dans la ligne descendante.

Les enfans ou leurs descendans succèdent à leurs ascendans par égales portions. Plus d'injustes dis=tinctions, ni de sexe, ni de primogéniture, ni même de lit (*art.* 35.) Les femmes ne sont ni moins nécessaires, ni moins précieuses à la société que les hommes, les cadets que les aînés, les enfans d'un second mariage que ceux d'un premier. La loi les voit tous d'un œil égal, et leur donne à tous les mêmes droits. C'est aux parens qu'il appartiendra de les distinguer sans injure, de marquer à ceux qui l'auront méritée une juste prédilection. Leurs dispositions seront le jugement domestique, la loi particulière de leurs familles ; elles pourront y introduire une inégalité raisonnable et modérée Mais l'égalité sera le droit commun, le vœu et la disposition générale de notre droit civil.

A défaut de descendans, et de frères et sœurs du défunt ou de leurs descendans, le code appèle les ascendans, et les préfère aux collatéraux plus éloignés (*art.* 36.)

La succession collatérale ne vient en général qu'après la succession ascendante, et en troisième ordre. Il y a cependant des cas où ces deux successions ont réciproquement la préférence l'une sur l'autre. Il y a des cas où elles se mêlent, où les ascendans et les collatéraux concourent ensemble.

L 2

Ainsi les frères et sœurs et leurs descendans excluent les ascendans au second degré, c'est-à-dire, leurs aïeuls (*art* 40.)

Ils n'excluent point les ascendans au premier degré; ils succèdent avec leurs pères et mères. La succession fraternelle se partage, dans ce cas, entre la ligne ascendante et la ligne collatérale (*art.* 38.)

Mais toujours les pères et mères, et même des ascendans, qui d'ailleurs ne seraient pas successibles, reprennent les effets qu'ils avaient donnés au défunt (*art.* 37) : c'est un retour légal que l'équité commande.

Les pères et mères ne seront donc pas écartés de la succession de leurs enfans prédécédés, par leurs autres enfans. Le code les rétablit dans les droits naturels que l'ancienne jurisprudence leur avait reconnus, et que la loi du 17 nivôse avait injustement étouffés. Les mêmes motifs qui réservent aux enfans une portion sur le patrimoine de leurs pères et mères, en assignent pareillement une à ceux-ci, sur les biens de leurs enfans prédécédés sans postérité.

Ce n'est pas, comme on l'a dit quelquefois, pour les consoler de la perte qu'ils ont faite. Quelle somme d'argent peut en effet consoler de la mort prématurée d'un enfant chéri? C'est parce que les droits d'alimens sont réciproques entre les enfans et les auteurs de leurs jours; c'est parce qu'à défaut de la ligne descendante, il est équitable de faire

concourir le premier degré de la ligne ascendante
avec les frères et sœurs.

C'était un étrange motif de la loi du 17 nivôse
que de dire que les pères n'avaient pas dû prévoir
qu'ils survivraient à leurs enfans. Dé ce qu'ils
n'auraient pas dû s'attendre à ce malheur, cependant trop commun, en sont-ils coupables? Et sur
une succession dont ils n'ont certainement pas
desiré, dont ils n'ont pas dû prévoir, si l'on veut,
l'ouverture, devront-ils perdre les droits que la
nature leur accorde, ce que dans leur vieillesse ou
dans leurs besoins ils auraient reçu de leur enfant,
s'il eût vécu ? Avec raison le code se met à la place
de cet enfant, et remplit pour lui un devoir qu'il
ne peut plus acquitter. D'ailleurs, la portion que
le code accorde aux pères et mères en concours
avec les frères du défunt, qui sont leurs héritiers
naturels, ne leur reviendra-t-elle pas? On ne peut
qu'applaudir à cette correction de la loi du 17
nivôse.

A défaut de frères ou de sœurs qui excluent les
aïeuls, et qui concourent avec les pères et mères ,
à défaut d'ascendans qui, en quelques degrés qu'ils
soient, pourvu qu'il y en ait dans les deux lignes ,
excluent les collatéraux qui ne sont ni frères ni
sœurs, ni descendans de frères ou de sœurs, la
succession appartient à ces proches éloignés.

Mais toujours, soit que les successions, en suivant
l'ordre naturel, descendent avec la filiation , soit
qu'elles rétrogadent, en remontant dans la ligne

ascendante, soit qu'elles se répande nt encolla-
térale, elles se divisent entre les deux lignes
paternelle et maternelle : c'est un principe commun
à tous les ordres de succession.

Il sera utile de résumer maintenant, en peu
de mots, les règles des successions ascendantes et
collatérales.

Le défunt a-t-il laissé son père et sa mère, et
des frères et des sœurs ? sa succession se partage
par moitié entre la ligne ascendante et la ligne
collatérale (*art.* 38.)

Ne reste-t-il dans la ligne ascendante que le
père ou la mère ? la moitié du prédécédé, qui est
le quart de la totalité, se réunit à la portion des
frères : ils auront les trois quarts (*art.* 39 *et* 41.)

N'y a-t-il ni frères ou sœurs, ni descendans de
frères et sœurs, et se trouve-t-il dans la ligne ascendante des parens paternels et maternels ? ils
succèdent et partagent exclusivement aux collatéraux (*art.* 36.)

N'y a-t-il dans la ligne ascendante qu'un parent
paternel ou maternel ? il a la moitié ; les collatéraux
ont l'autre : mais si cet ascendant est le père ou
la mère, il prend en usufruit le tiers de la moitié
dévolue à la ligne collatérale ; c'est un préciput que
le code lui accorde sur des collatéraux éloignés
(*art.* 41.)

Après le douzième degré, on ne connaît plus
de parenté pour la successibilité (*art.* 45.) En
effet les preuves en deviendraient trop difficiles.

C'est l'orgueil bien plus que l'intérêt qui conserve les généalogies : le commun des hommes, étranger aux vanités de la naissance, est incapable des soins nécessaires pour remonter à une origine trop ancienne ; et c'est pour le commun des hommes que les lois sont faites.

D'ailleurs, outre la difficulté des preuves au-delà du douzième degré, le code a dû prendre un terme quelconque : sinon, en remontant à l'infini, on verrait les familles se confondre, la parenté deviendrait innombrable ; et sous le prétexte d'être plus juste, on tomberait dans des partages et des embarras inextricables. Après le douzième degré, on est si éloigné de la souche commune, les sentimens d'affection et de famille sont si usés, que la plupart du tems on ne se connaît pas ; et l'un n'a respectivement pas plus de droits que les autres hommes.

Tout ce que l'on a pu dans ce cas accorder de faveur à la très-ancienne parenté, a été de donner à un parent, qui serait unique au douzième degré, la portion de sa ligne et celle de la ligne défaillante (*art.* 45.)

Il peut arriver que l'on meure sans descendans, sans ascendans, sans collatéraux : que deviendront les biens ? il y aura lieu alors à la succession *irrégulière.*

On appelle ainsi la succession que la loi défère, quand elle ne trouve plus personne dans la famille qui soit l'héritier légitime et de droit. Ici, la succession qui est, comme nous l'avons vu, d'institution civile, devient encore plus arbitraire, c'est-à-dire, plus dépendante de ce droit positif, par lequel le législateur, placé entre diverses manières de statuer, choisit l'une plutôt que l'autre, en cherchant néanmoins à se rapprocher, autant qu'il le peut, des bornes immuables de la justice et de l'équité.

Ces deux sentimens lui indiquent, à défaut de successeurs légitimes, les enfans naturels. Le code ne les placera pas, comme les lois trop peu morales du 4 juin 1793 et du 12 brumaire an 2, à côté des enfans nés d'une union respectable et sanctionnée par toutes les lois domestiques, publiques et religieuses ; il ne les honorera pas du titre d'héritiers, il ne leur accordera que des droits : il leur garantira la dette que leurs pères et leurs mères contractèrent en leur donnant la naissance, et qu'ils avouèrent en les reconnaissant. Les enfans naturels n'exerceront pas des droits de famille ; ils sont hors de la famille : mais le sang de leur père et de leur mère coule dans leurs veines. Ce sont les droits du sang que le code leur adjuge.

Ces droits ne sauraient s'étendre en collatéral aux biens de la famille dont ils ne sont pas ; ils se bornent aux biens des pères et mères (*art.* 46.)

A côté des droits héréditaires des descendans légitimes, la créance des enfans naturels se réduit au tiers de la portion qu'ils auraient reçue, s'ils eussent été légitimes.

Elle monte à la moitié de cette portion, s'il n'y a point de descendans légitimes, mais seulement, des ascendans ou des frères.

Elle parvient aux trois quarts, quand il n'y a que des collatéraux plus éloignés (*art.* 47.)

Mais jamais l'enfant naturel n'aura la totalité, à moins que l'on ne trouve plus de parens successibles (*art.* 48.)

Alors il exclura le fisc, qui est aussi un successeur irrégulier, mais le dernier de tous.

Si, pour la tranquillité et le repos de leur famille, les père et mère ont eu soin d'acquitter de leur vivant leur dette envers leur enfant naturel ; si en la payant par anticipation ils ont déclaré ne vouloir pas qu'il vînt après eux troubler leur succession, le code maintiendra cette disposition, lors même que ce don anticipé n'arriverait qu'à la moitié de la créance : mais, si le don était resté au-dessous de la moitié, l'enfant pourrait en réclamer le supplément (*art.* 51.)

Une pareille donation est utile, et pour l'enfant naturel qu'elle fait jouir plutôt, et pour la famille qu'elle débarrasse d'un créancier odieux ; il est bien de la maintenir, mais sous la condition équitable qu'elle n'aura pas été excessivement lésive.

Quant aux enfans adultérins ou incestueux, ils n'ont pas même de créance ; ils n'ont droit qu'à la pitié : elle ne leur a jamais obtenu que des alimens (*art.* 52.)

L 3

Si nous nous occupons d'eux, ce n'est pas qu'il soit permis de reconnaître les fruits de l'inceste et de l'adultère, comme ceux d'une co-habitation illégitime, mais tolérée. Le code civil a pu permettre l'aveu d'une faiblesse ; il ne souffre pas la reconnaissance d'un crime.

Mais, quoique les enfans adultérins ou incestueux ne puissent être légalement reconnus, leur existence est un fait, qui peut quelquefois être évident.

Un enfant aura été valablement désavoué par un mari, il aura été jugé le fruit adultère de l'épouse : le crime de sa mère ne saurait la dispenser de lui donner des alimens.

Un homme aura signé comme père un acte de naissance, sans faire connaître qu'il est marié à une autre femme que la mère du nouveau né, ou que la mère est sa sœur ; il aura voulu faire fraude à la loi ; l'enfant, ignorant le vice de sa naissance, se présentera dans la succession pour y exercer les droits d'un enfant naturel, on le repoussera, par la preuve qu'il est né d'un père qui ne pouvait légalement l'avouer ; mais l'aveu de fait, écrit dans son acte de naissance, lui restera et lui procurera des alimens.

Cette disposition est conforme à l'ancien droit ; il était nécessaire de la conserver : car enfin les enfans adultérins ou incestueux n'en sont pas moins des hommes ; et tout homme a droit de recevoir au moins des alimens, de ceux qui lui ont donné la vie.

La succession aux biens des enfans naturels, s'ils n'ont pas de descendans légitimes, est dévolue aux pères et mères qui les ont reconnus (*art.* 55.)

Si les pères et mères sont prédécédés, les biens que les enfans naturels en avaient reçus font retour aux enfans légitimes des pères et mères (*art.* 56.)

Tout le surpus des biens des enfans naturels appartient à leurs frères ou sœurs naturels, ou aux descendans de ceux-ci, s'il en existe.

A défaut, l'enfant naturel n'a point d'héritier régulier : sa succession appartient à ses héritiers irréguliers, qui sont, premièrement, ses enfans naturels, si, trop fidèle imitateur des vices de son père, il ne s'est perpétué que d'une manière illégitime ; secondement, sa femme ; et troisièmement, la République.

Le conjoint survivant et la République forment en effet le second et le troisième ordre des successions irrégulières.

Le conjoint survivant, quelque étroit que fût le lien qui l'unissait avec le défunt, appartient à une famille étrangère. Si la nouvelle famille qu'ils étaient destinés à former vient à manquer, la loi, sauf les témoignages d'amitié qu'ils pourront se donner, ne les appèle à se succéder qu'à défaut de parens de leurs familles respectives ; mais si ces parens manquent, plutôt que d'appeler le fisc,

qui est l'héritier de ceux qui n'en ont point, on
p éfère le conjoint survivant (*art.* 57.)

Le fisc ou le trésor de la République recueille
les successions auxquelles personne n'a le droit
de prétendre; par cette raison que ce qui n'appartient à aucun individu appartient au corps de
la société , qui représente l'universalité des citoyens. Jouissant pour l'avantage commun , il
prévient les désordres qu'entraîneraient les prétentions de ceux qui s'efforceraient d'être les premiers occupans d'une succession vacante.

Les successeurs irréguliers ne sauraient être ,
comme les successeurs réguliers, saisis de plein
droit.

Ils doivent demander l'envoi en possession. Il
ne leur est accordé qu'après des publications, des
formalités, et sous des précautions propres à conserver les droits des héritiers réguliers, s'il venait
à s'en présenter *(art.* 60 , 61 , 62 *et* 63.)

Maintenant que le code a déterminé quels sont
les héritiers légitimes ou *ab intestat*, réguliers
ou irréguliers, il va s'occuper des effets des successions, des obligations qu'elles emportent, des
précautions à prendre pour qu'elles ne soient pas
onéreuses.

D'abord, recueillir une succession est un droit:
chacun est libre, sauf la fraude qu'il ferait aux
droits du tiers, de renoncer à son droit; de-là une
ancienne règle : *N'est héritier qui ne veut.* Cette
règle a dû être conservée *(art.* 65.*)*

L'acceptation d'une succession peut être oné-
reuse comme elle peut être lucrative. L'héritier
saisi des droits du défunt est par cela même soumis à ses obligations : il est son image active et
passive.

Il résultait de ce principe que beaucoup d'héritiers, craignant de s'engager dans une succession
ruineuse, la refusaient. Les Romains, nos modèles en tant de choses, et nos meilleurs maîtres
en législation, avaient vu de l'inconvenance dans
ce refus.

Ce peuple qui eut toujours pour but principal et
première passion l'immortalité, qui voulait que
chaque citoyen pût dicter des lois domestiques
qui réglassent après lui son patrimoine ; qu'il se
survécût à lui-même, et fût toujours représenté ;
ce peuple regardait comme une infamie, que l'on
mourût sans héritier, qu'il ne se trouvât pas quelqu'un qui se fît un honorable et généreux devoir
de recueillir les droits et de remplir les obligations
d'un défunt : opinion digne de la première simplicité de ses mœurs, et de la noble générosité de
son caractère.

A mesure que les mœurs s'affaiblirent, que le
luxe et les dettes qu'il entraîne, se multiplièrent, il
ne fut plus possible d'espérer, de la part des héritiers,
un dévouement qui serait devenu trop lésif. Cependant, pour faciliter, autant qu'il serait possible,
l'acceptation des successions, on détermina un délai pendant lequel les héritiers pourraient prendre

connaissance de l'hérédité, et délibérer s'ils l'accepteraient.

Au terme de ce délai, ils n'eurent d'abord qu'à accepter ou répudier. C'est Justinien qui, perfectionnant cette idée, créa le bénéfice d'inventaire, au moyen duquel l'héritier ne s'oblige pas personnellement, et ne peut jamais être contraint au-delà des forces de la succession.

Cette institution était trop utile pour n'être pas universelle : elle passa des pays de droit écrit dans les pays coutumiers. Quel dommage que la multiplicité des formes, et l'avidité des gens de palais aient fait tourner si souvent à la ruine des successions un moyen, qui avait été heureusement imaginé, pour leur conservation et pour la sûreté des héritiers ! Mais l'abus que l'on peut restreindre en simplifiant les formes, en réprimant ceux qui les exploitent comme une mine abondante pour eux, quand ils ne devraient les faire servir principalement qu'à l'avantage de leurs cliens, l'abus n'empêche pas que l'institution ne soit bonne en soi.

Nous trouvons ici, en quelques articles, toutes les règles de l'acceptation pure et simple, de l'acceptation bénéficiaire, et de la répudiation.

L'acceptation est expresse, lorsqu'on prend le titre ou la qualité d'héritier ; elle est tacite, lorsqu'on fait des actes qu'on ne pourrait faire sans être dans l'intention de recueillir *(art.* 68.*)*

Les actes conservatoires ne sauraient produire

l'acceptation tacite ou de fait; ils ne supposent que le dessein louable de pourvoir à quelque chose d'urgent (*art.* 69.)

La donation ou la vente de ses droits successifs est une disposition à titre de maître; elle vaut donc acceptation (*art.* 70.)

La renonciation au profit même d'un co-héritier a le même effet; car elle est une espèce de don qu'on lui fait. Pour ne pas accepter, il faut répudier ou s'abstenir absolument, s'en rapporter à la loi, pour la transmission du droit qu'on abandonne, et n'en pas disposer soi-même.

Les renonciations doivent être connues et publiques. On établit utilement, dans les greffes des tribunaux de première instance, un registre où elles devront être inscrites.

Le renonçant est comme s'il n'avait jamais dû être héritier; il ne transmet pas ce qu'il n'a pas voulu recueillir. On ne le représente point. S'il est seul héritier, celui qui est dans le degré suivant vient de son propre chef à la succession. Si le renonçant a des co-héritiers, sa portion leur accroît (*art* 75 *et* 76.)

La renonciation n'est pas irrévocable; on peut se repentir d'accepter tant que les choses sont entières, c'est-à-dire, tant que d'autres n'ont pas accepté, ou qu'on n'a pas laissé éteindre son droit par la prescription (*art.* 79 *et* 80.)

On ne peut renoncer d'avance à une succession, ni en vendre sa part; il faut connaître son droit, et savoir en quoi il consiste pour y renoncer valablement.

Cette disposition paraît contraire aux règles du contrat de vente, qui permettent de vendre des choses à venir, telles que des fruits à recueillir, des animaux qui peuvent naître, et d'autres choses semblables, quoiqu'elles ne soient pas encore en nature (1). On peut vendre une espérance, un coup de filet, par exemple, une liquidation de profits qui ne sont pas assurés (2); mais, dans tous ces cas, le vendeur est propriétaire. L'espérance qu'il vend a un fondement réel dans le champ, dans le troupeau, dans le coup de filet, desquels il est le maître; au lieu que l'espérance d'un héritier présomptif, dans une succession future, n'a point de base réelle, et ne porte que sur la présomption souvent fautive qu'il succédera : d'ailleurs, en établissant que tout ce que l'on peut avoir, posséder ou recouvrer, est susceptible de vente, le peuple sage, le conquérant et le législateur du monde excepta les ventes qui seraient contraires à la nature, au droit des gens, ou aux bonnes mœurs (3).

____

(1) *Fructus et partus futuri rectè emuntur.* L. XVIII, §. 1. ff. *De cont. empt.*

(2) *Spei emptio est, veluti captus avium vel piscium.* L. XVIII, §. 1. ff. *De cont. empt.*

(3) *Omnium rerum quas quis habere, vel possidere, vel persequi potest, venditio rectè sit. Quas verò natura, vel gentium jus, vel mores civitatis commercio exuerunt, earum nulla venditio est.* L. XVIII, §. 1. ff. *De cont. empt.*

Or, la vente de la succession d'un homme vivant offense les convenances ; elle suppose autant le désir que la trop active prévoyance de sa mort. La renonciation, si elle est payée, est une vente qui a les mêmes vices que la vente elle-même ; si elle est gratuite, elle est une sorte de mépris, une offense faite à celui dont on répudie d'avance l'héritage ; ou s'il la sollicite lui-même, elle peut être forcée par l'autorité qu'il exerce ; elle peut entraîner pour le renonçant une lésion que la loi ne doit pas souffrir.

On avait cependant admis dans les pays coutumiers la renonciation des filles : elle avait pour motifs les avantages présens qu'elles trouvaient dans leur dot et leur établissement, et sur-tout le désir de conserver les biens dans les familles.

Mais un établissement était dû aux filles comme aux mâles : la dot ne devait être, pour elles comme pour eux, qu'un avancement d'hoirie. C'était leur vendre avec injustice et cherté un établissement, que de le leur faire acheter par la perte de leur portion héréditaire.

La conservation des biens dans les familles, précieuse à beaucoup d'égards, ne l'est pas assez pour qu'on y veille au détriment d'une partie de la famille elle-même. Les filles y sont nées ainsi que les mâles. Malheur à la société, si la nature, adoptant ces injustes préférences, devenait plus prodigue de mâles que de filles, et rompait dans les naissances cet équilibre des deux sexes, si nécesssaire à la propagation et à la tranquillitéde l'espèce humaine ! .

On apperçoit que le droit romain valait mieux, à cet égard, que le droit coutumier, et l'on ne regrettera point qu'il ait prévalu *(art.* 81.*)*

Si l'on ne veut accepter la succession que sous bénéfice d'inventaire, on en fera la déclaration au greffe *(art.* 83.*)*

Elle ne sera utile qu'autant qu'elle concourra avec un inventaire. fidèle et exact, qui garantira la probité de l'héritier et l'intérêt des créanciers *(art.* 84 *)*

L'infidélité volontaire de l'inventaire, ou les recelés, priveront du bénéfice d'inventaire (*art.* 82 *et* 91.)

Les délais pour procéder à l'inventaire et pour délibérer, sont resté tels qu'ils ont été observés de tous les tems.

L'héritier bénéficiaire est un administrateur pour les créanciers et les légataires ; il leur doit compte. Il ne peut rien faire de relatif à la succession, que de leur connaissance, et dans les formes prescrites par les lois sur la procédure civile (*art.* 93 *et* 96.)

Mais aussi, comme un administrateur, il ne s'oblige point personnellement (*art.* 92.)

Une succession à défaut d'acceptation ou par répudiation, devient vacante.

Si ceux que la loi y appèle ne sont pas connus, ou si aucun d'eux ne veut la recueillir, on nomme un curateur qui l'administre. La section IV du chapitre V, du titre dont je vous rends compte, citoyens législateurs, traite *des successions va-cantes.* Les règles en sont trop simples pour avoir besoin de développement : il suffit de dire que le curateur doit faire tout ce que ferait l'héritier bénéficiaire.

Une fois les héritiers reconnus et l'hoirie acceptée, il y a lieu à partage s'il y a plusieurs héritiers ; c'est le sujet d'un sixième chapitre qui traite :

De l'action en partage et de sa forme ;

Des rapports ;

Du paiement des dettes ;

De la garantie des lots,

Et de la rescision en matière de partage.

Le partage est nécessaire, parce que souvent l'indivision ne convient à personne : en tout cas, il suffit qu'elle déplaise à un seul pour qu'il ait droit de la faire cesser.

On ne peut pas même s'obliger à demeurer toujours dans l'indivision : une société éternelle n'est pas compatible avec la mobilité de nos intérêts. Le code limite très-sagement à cinq ans la convention de suspendre le partage. Après ce délai, elle est sans force ; elle a besoin d'être renouvelée *(art.* 105.*)*

Il n'y a jamais de partage par le seul fait, il faut toujours un acte qui le règle, à moins que la possession séparée qu'on aurait eue ne soit transformée en titre par la prescription *(art.* 106.*)*

La minorité , l'assujétissement à la puissance maritale ou paternelle, ne font pas obstacle au partage. Ces circonstances exigent seulement des formalités et des précautions que le code prescrit, et qui ne sont pas nécessaires quand tous les co-héritiers sont majeurs *(art.* 107, 108 *et* 109.*)*

Le jugement de l'action en partage appartient au tribunal du lieu où la succession sera ouverte *(art.* 112.*)*

On a simplifié la décision des difficultés qui peuvent naître dans les partages, en les soumettant à un jugement sommaire, en faisant présider les partages, s'il y a lieu, par un juge, qui souvent sera un médiateur, et qui, en tout cas, mettra le tribunal à portée de prononcer promptement et équitablement *(art.* 113.*)*

La base du partage étant l'égalité, chaque cohéritier rapporte à la masse les dons qu'il a reçus ou les sommes dont il est débiteur *(art.* 119.*)*

Ces rapports se font en nature ou en moins prenant. En nature, si le défaut de ce mode de rapport emportait une inégalité impossible à réparer ; en moins prenant, si les co – hértiers trouvent des immeubles équivalens *(art.* 120.*)*

Ce qui a péri sans la faute du donataire, et les dons qui sont plutôt des devoirs ou des marques de tendresse, que des avantages considérables, ne se rapportent pas *(art.* 141 *et* 142.*)*

Le partage , en divisant les biens, les transmet

à chaque co - partageant .avec leurs charges.

Chaque co-héritier contribue aux dettes dans la proportion de ce qu'il recueille (*art.* 160.)

Il n'est tenu personnellement que de sa part contributive, sauf de souffrir les hypothèques qui porteraient sur le tout (*art.* 163 *et* 166.)

Le légataire à titre universel, qui est une espèce dec o - héritier, contribue proportionnellement aux dettes avec les co-héritiers (*art.* 161.) Le légataire particulier n'y contribue pas ; mais il est sujet aux hypothèques de la chose léguée, parce qu'elles sont une charge de cette chose même.

Les créanciers, porteurs de titres exécutoires, peuvent les faire valoir contre l'héritier personnellement, parce qu'il est l'image du défunt : il suffira que, préalablement, les créanciers lui en aient donné connaissance (*art.* 167.)

C'est ici une amélioration introduite dans les usages suivis à Paris, où l'on faisait déclarer exécutoires contre l'héritier les titres qu'on avait contre le défunt ; formalité superflue, qui entraînait des frais inutiles, 'et contrariait ce principe, que l'héritier est saisi de plein droit, qu'il représente le défunt, et que, par l'acceptation pure et simple, il s'oblige personnellement, et confond ses biens avec ceux de la succession.

Les co-héritiers étant des associés qui ont partagé une chose commune, ils se doivent garantie des vices et des évictions procédant d'une cause antérieure au partage (*art.* 174.)

Ils sont d'ailleurs propriétaires de leurs lots, comme s'il n'y avait jamais eu d'indivision ; et ils supportent chacun les pertes qui ont des causes postérieures au partage , comme ils profitent seuls des augmentations.

Enfin, un partage peut avoir été mal fait, il peut être lésif. On a conservé l'action en rescision, telle qu'elle était établie généralement pour lésion de plus du quart (*chap.* VI, *sect.* V.)

Quoique les lois nouvelles aient proscrit la rescision en matière de vente , on a dû la maintenir relativement aux partages, parce que les principes en sont différens.

Le vendeur demande le plus haut prix , l'acheteur aspire au moindre : étrangers l'un à l'autre, ils ne se doivent rien ; leurs intérêts, loin d'être communs, sont contraires ; le plus habile ou le plus heureux fait le meilleur marché. Il n'y a point de raison suffisante de les recevoir à rescision , puisque l'essence de leur contrat est de livrer et de prendre une chose vénale, au prix dont ils seraient d'accord. Le prétexte de réparer une lésion énorme que le vendeur aurait soufferte , entraînait des procès dispendieux, dont on a bien fait d'extirper la racine. On sera plus attentif dans les ventes, quand on n'aura plus d'espoir de restitution.

On est libre de ne pas vendre, on n'est pas libre de rester dans l'indivision. La base de la vente est l'avantage que chacun des contractans y cherche aux dépens de l'autre; celle du partage est au contraire l'égalité. Le partage est donc rescindable de sa nature; car il cesse d'être partage, s'il n'est pas égal, sinon mathématiquement, du moins jusqu'à une certaine proportion.

Mais si le premier acte faisant partage, de quelque couleur qu'on l'ait déguisé, est rescindable, il cesse de l'être, lorsqu'un second acte l'a consacré, ou lorsqu'on a disposé de son lot. Il n'y a d'exception, que dans le cas du dol qu'on n'aurait découvert qu'après l'aliénation. Si on le connaissait auparavant, on a renoncé à s'en prévaloir, puisqu'on a vendu (*art.* 178 et 182.)

Telles sont, citoyens législateurs, les principales règles que ce titre du code vient tracer aux citoyens. Ils y trouveront, dans quelques pages, tout ce qu'il est utile de savoir sur les successions, ce qui est répandu dans de nombreux et volumineux traités, dont ce titre est le résumé et la quintescence.

Heureux le tems où la science du droit est assez avancée pour réduire ainsi en un petit nombre de dispositions claires et précises, ce qui a donné lieu à tant de discussions, à tant d'ouvrages, à tant de jugemens !

Heureux le peuple qui, après avoir repris, par sa valeur, son rang à la tête des nations les plus brillantes et les plus policées, se donne encore en exemple et en modèle par l'excellence de ses lois civiles !

La sécheresse de l'analyse que j'ai été forcé de vous présenter, citoyens législateurs, ne sera-t-elle pas adoucie par l'importance de la matière ?

Des discussions politiques ou de droit public agiteraient plus vivement les esprits, mais elles ont leur danger. Ici tout est profit. On est froid et tranquille, parce qu'il ne s'agit que d'une utilité journalière et d'un bonheur plus paisible qu'éclatant. C'est du droit privé, des affaires domestiques et de famille, que nous traitons ; mais tous les citoyens individuellement y ont intérêt. Cet intérêt est sans doute d'un assez grand prix.

N'admirera-t-on jamais que ce qui est loin de soi ? Lorque Rome envoya recueillir les lois de la Grèce, pour s'approprier ce qu'elles avaient de meilleur, lorsque les lois des Douze Tables furent exposées dans la place publique, et offertes à l'examen et aux observations de tous les citoyens, Rome ne présenta pas un spectacle plus imposant que ces discussions solennelles, dont le résultat et le jugement vous sont soumis.

Louis XIV et d'Aguesseau, qui avaient tant perfectionné la législation française, appelèrent à la rédaction de plusieurs lois, des hommes habiles, de savans magistrats, de célèbres jurisconsultes. Le gouvernement n'a pas négligé ces moyens ; mais notre nouvelle constitution a permis davantage : elle revétira notre code civil d'une sanction qu'aucun code n'a reçue depuis les lois des Douze Tables, de la sanction du peuple, par l'assentiment

de

de ceux qui sont appelés à le représenter. Les lois civiles, partiellement rendues par les précédentes Assemblées, n'eurent ni cet ensemble, ni cette maturité. Elles n'ont pu fournir que quelques élémens à l'ouvrage dans lequel nous avançons si heureusement.

Ces observations doivent nous être permises ; moins pour nous énorgueillir, quoique justement, de concourir à ce beau travail, que pour indiquer le respect qui lui sera dû, lorque vous l'aurez adopté; pour nous féliciter de voir élever de nos jours ce monument auguste, du haut duquel des lois simples, autant que le permet la complication des intérêts dans un peuple immense, régiront uniformément trente-deux millions d'hommes.

Quand le tems qui ne pourra effacer le souvenir de nos victoires, en aura pourtant usé les trophées, sa faux dévorante n'aura pu encore entamer notre code civil. On y recourra, comme depuis tant de siècles on recourt à ces lois romaines, où nous nous honorons d'avoir abondamment puisé, mais que tout esprit impartial avouera que nous avons améliorées et perfectionnées.

Soit que nous goûtions le repos d'une paix glorieuse, que tous les Français souhaitent de conserver, soit qu'on les force à une guerre qu'ils ne desirent pas plus qu'ils ne la redoutent, le nouveau code civil sera l'un des plus beaux ornemens de la paix, ou l'une des plus grandes consolations de la guerre. Tandis qu'elle se ferait loin de nos frontières, il nous assurera au-dedans le bonheur, qui est toujours le fruit des bonnes lois. Il préviendra ou terminera promptement les procès, espèce de dissentions moins éclatantes, mais non moins préjudiciables aux familles que les dissentions politiques, qui quelquefois ne les atteignent pas.

Le Tribunat a voté, citoyens législateurs, l'adoption du titre du code, intitulé : *Des différentes manières dont on acquiert la propriété*, et l'a cru digne de votre sanction.

——————

Omissions au premier Volume.

Pag. 37, après le premier alinéa, *ajoutez :*

Si, au lieu d'un aïeul seul, nous supposons un père seul, en concurrence avec des parens collatéraux du défunt, autres que frères et sœurs ou descendans d'eux ; outre la moitié qu'il recueille en *propriété*, la loi lui accorde *l'usufruit* du tiers des biens auxquels il ne succède pas. Le tiers *de la moitié* à laquelle ne succède pas le père ou la mère, est toujours le sixième du total. (*art. 44.*)

Cette faveur n'est accordée qu'au *père* ou à la *mère*.

Page 122, *ajoutez :*

6 fructidor an 10, — île d'Elbe.

Page 31, ligne deux, au lieu d'oncles; lisez *cousins*.

Page 114, § III, au lieu de 91, lisez 91 *bis*.

www.ingramcontent.com/pod-product-compliance
Ingram Content Group UK Ltd.
Pitfield, Milton Keynes, MK11 3LW, UK
UKHW021507090726
13657UKWH00001B/82